Zagreb

Patricia Fridrich

Inhalt

Das Beste zu Beginn

Skiurlaub oder Städtetrip?

In Zagreb gibt es bei dieser Frage keine Qual der Wahl: Machen Sie doch einfach beides! Die Skipiste auf dem Sljeme ist nur 20 Kilometer von Zagrebs Stadtzentrum entfernt und Austragungsort des Weltcup-Slaloms »Snow Queen Trophy«.

Die älteste Seilbahn der Stadt

Nur 64 Sekunden dauert die Fahrt mit der Uspinjača. Die Seilbahn verbindet Unter- und Oberstadt, und eine Fahrt lohnt sich immer – auch wenn man gut zu Fuß und nicht schwer beladen ist. Die Seilbahn wurde 1890 in Betrieb genommen und ist heute Teil des Straßenbahnnetzes.

Mehr als nur ein Stück Stoff

Das Wort »Krawatte« klingt nicht nur zufällig wie »Kroate«. Kroatische Reiter haben im Dreißigjährigen Krieg u. a. durch die schmucken Seidenbänder um ihren Hals Aufsehen erregt. Heute kann man die schicksten Krawatten bei Croata (▶ S. 42) in der Einkaufspassage Oktogon kaufen.

Ökologische Stadtplanung ihrer Zeit voraus

Die Bedeutung grüner Oasen quasi vorweggenommen hat der Zagreber Städteplaner Milan Lenuci, als er im 19. Jh. vorschlug, die grünen Plätze der Stadt in Hufeisenform miteinander zu verbinden. Heute können Sie am ›Grünen Hufeisen‹ entlang durch die Stadt spazieren, in Cafés einkehren, Museen besichtigen und die Architektur vergangener Zeiten bewundern (▶ S. 56).

Kerzenmeer

Allerheiligen auf dem Friedhof Mirogoj ist überwältigend. Überall sind Kerzen aufgestellt – eine kilometerlange Lichterstraße. Auch sonst herrscht hier eine besondere Stimmung – der Mirogoj ist viel mehr als nur ein Friedhof. Er ist ein riesiger Park, ein Pantheon für Kroatiens Berühmtheiten und Symbol für das friedliche Zusammenleben der Religionen.

Liebeskummer lohnt sich nicht ...

... und falls Sie doch welchen empfinden, kann ein Besuch im Museum der zerbrochenen Beziehungen (▶ S. 38) Wunder wirken. Die moderne Kuriositätensammlung ist einer der berühmtesten Besuchermagneten der Stadt. An der benachbarten Strossmayer-Promenade können Sie sich vielleicht gleich neu verlieben ... (▶ S. 36)

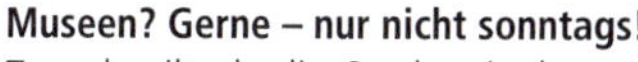

!

Museen? Gerne – nur nicht sonntags!

Zagreb gilt als die Stadt mit der größten Museumsdichte pro Einwohner weltweit. 3,6 Millionen Exponate werden insgesamt in der kroatischen Hauptstadt ausgestellt – machen Sie nicht den Fehler, diese Ausstellungsstücke an einem Sonntagnachmittag besichtigen zu wollen. Dann sind die meisten städtischen und staatlichen Museen nämlich geschlossen.

Samo polako – immer mit der Ruhe!

Eins lassen sich die Zagreber nicht nehmen: ausgiebig und gemütlich auf Caféterrassen sitzen. Ob im Sommer oder Winter – die Habsburger Kaffeehauskultur hat ihre Spuren hinterlassen. Die Verschnaufpause gehört dazu, als untrennbarer Bestandteil der Shoppingtour oder einfach nur, um Freunde zu treffen.

Lebkuchen und Nussknacker

2016, 2017, 2018 ... Dreimal hintereinander trug Zagreb den Titel »Bester Weihnachtsmarkt Europas«. Es ist wirklich unmöglich, dem (vor-)weihnachtlichen Treiben in der Stadt zu entkommen – auf allen öffentlichen Plätzen und an Nebenschauplätzen wartet etwas Besonderes. Einfach mitreißen lassen!

Als Kind bin ich mit meinen Eltern jährlich nach ›Zabreg‹ gefahren. Auch heute noch besuche ich dort regelmäßig meine Verwandten. Oft an Allerheiligen oder Weihnachten – dann ist Zagreb am magischsten.

Fragen? Erfahrungen? Ideen?

Ich freue mich auf Post.

Mein Postfach bei DuMont:
fridrich@dumontreise.de

Das ist Zagreb

»Bok« – so begrüßt man sich auf Kroatisch. Dieses »Hallo« war bis vor ein paar Jahrzehnten auf das Zagreber Umland beschränkt. Dass es heute auch in anderen Gegenden zu hören ist, liegt an der Unabhängigkeit Kroatiens. War Zagreb bis 1991 ›nur‹ Hauptstadt einer Teilrepublik Jugoslawiens, ist sie seit der Unabhängigkeit auch offiziell die wichtigste Stadt des Landes.

Metropole fernab vom Meer

Von der ›Metropola‹ sprechen seither einige augenzwinkernd, vor allem Einwohner der kroatischen Urlaubsregionen am Meer. Diese bekommen von Touristen meist mehr Beachtung als die rund 770 000 Einwohner große Hauptstadt. Und doch zieht es viele hierher, zum Studieren, zum Arbeiten und auch zum Sightseeing. Die Stadt ist Wirtschaftsmetropole und politisches Zentrum, älteste Universitätsstadt des Landes mit den meisten Fakultäten und Studierenden, und auch eine der Städte mit der größten Museumsdichte in Europa. Sogar Skifahren kann man: auf dem höchsten Berg des umliegenden Gebirges Medvednica, dem Sljeme. Tatsächlich ist Zagreb besonders beliebt im Winter, wenn im Advent an vielen zentralen Orten der Stadt die Holzhäuschen des Adventsmarktes aufgestellt werden. Aber auch in den anderen Jahreszeiten kann Zagreb punkten: im Frühling, wenn die Kirschen zwischen Hauptbahnhof und Kunstpavillon blühen, im Sommer, wenn sich überall Straßencafés ausbreiten, oder im Herbst, wenn an Allerheiligen auf dem Mirogoj-Friedhof ein Kerzenmeer leuchtet.

Zwischen k.u.k. und Balkan

Zagreb ist eine Stadt zwischen den Kulturen. Über vier Jahrhunderte waren die Habsburger die herrschende Macht im Land – bis 1918. Im Gornji grad, der Oberstadt, sind als Reminiszenz an die k.u.k-Zeit die Straßennamen elegant auf die Häuserfassaden geschrieben, auf Kroatisch und Deutsch. Deutsche Bezeichnungen entdeckt man auch im Dialekt der alten Zagreber, von *ajnpren* (Omas Einbrennsuppe) bis *ciferšlus* (Reißverschluss). Als *purger* wird bezeichnet, wer schon seit Generationen in Zagreb lebt – abgeleitet von »Bürger«. Und in keinem traditionellen Restaurant darf das Wiener Schnitzel *(bečki odrezak)* fehlen, meist ergänzt um das Zagreber Schnitzel *(zagrebački odrezak)*. Neben Reminiszenzen der Habsburgerzeit sind auch die Einflüsse des Balkans zu spüren – nicht nur in den bosnischen Spezialitäten *burek* und *čevapčići*. Wobei die Meinungen darüber, wo der Balkan beginnt und ob man dazu gehört oder nicht, auseinandergehen. Eigentlich, so sagen viele, beginne der Balkan erst jenseits der Save.

Titos Erbe

Jenseits der Save beginnt auch Novi Zagreb, eine in jugoslawischer Zeit entstandene Trabantenstadt, die geprägt ist von sozialistischen Wohnblocks. Ein Siebtel der Zagreber wohnt hier, aufgeteilt in verschiedene Siedlungen, die trotz sozialistischer Einheitsarchitektur alle eine jeweils eigene Identität aufgebaut haben. Zeugnisse sozialistischer Architektur finden sich auch

Das Reiterdenkmal von Ban Jelačić kam erst mit dem Ende des Kommunismus auf den zentralen Platz der Stadt zurück und verleiht ihm heute auch seinen Namen: Jelačić-Platz.

auf dem Weg zwischen Novi Zagreb und dem Stadtzentrum: zum Beispiel die »Brücke der Freiheit« (Most slobode), die 1959 gebaut wurde und den Grundstein für die Erweiterung Zagrebs legte, aber auch das von Tito eingeweihte Messegelände Velesajam oder die Konzerthalle Lisinski, wo 1990 der erste – und letzte – in Jugoslawien stattfindende Eurovision Song Contest ausgetragen wurde. Wenige Monate nach dem Contest fiel das Gastgeberland auseinander. Als Kroatien 1991 seine Unabhängigkeit verkündete, griff Serbien an – der Krieg dauerte bis 1995.

Der Weg zur Unabhängigkeit und in die EU

Obwohl der Krieg in Zagreb wenig materielle Schäden hinterlassen hat, ist er im Gedächtnis der Menschen noch allgegenwärtig. Die Wirtschaft des in den 1980ern florierenden Urlaubslandes Kroatiens brach kriegsbedingt zunächst ein, erholte sich dann langsam. Die Touristen kamen ab Ende der 90er wieder, und mit Land und Hauptstadt ging es bergauf. Seit 2013 ist Kroatien EU-Staat, seit dem 1. Januar 2023 ist Kroatien Teil des Schengenraums und der Euro das offizielle Zahlungsmittel. 2020 hatte das Land die EU-Ratspräsidentschaft inne. Wiederum spielte die Lisinski-Konzerthalle eine besondere Rolle, trafen sich dort die europäischen Staats- und Regierungschefs. Im März 2020, nach 140 Jahren, bebte zum ersten Mal wieder die Erde und führte zu erheblichen Schäden. Einige (zum Glück nicht allzu viele) Museen und Kirchen sind deshalb momentan wegen Renovierungsarbeiten geschlossen. Aber keine Sorge, es gibt noch vieles anderes zu entdecken. Zagreb alt und neu: Ein wenig k.u.k-Flair schwingt mit, die jugoslawische Vergangenheit aber auch, die Nähe zu Bergen und Meer schafft eine gute Mischung, und stets ist man sich bewusst, mitten in Mitteleuropa zu sein.

Zagreb in Zahlen

5,66

Kilometer lang ist die Ilica, die älteste und drittlängste Straße der Stadt.

29

Meter misst die Skulptur der versilberten Nadel vor dem Gebäude der Musikakademie.

66

Meter fährt die Uspinjača, die kürzeste Stadtseilbahn der Welt.

70

Plätze gibt es in Zagreb, fünf davon sind nach Frauen benannt.

72,4

Hektar groß ist der Mirogoj – Friedhof, Parkanlage und Kunstgalerie in einem.

130

Dezibel laut ist die Kanone, die täglich um 12 aus dem Lotrščak-Turm ertönt.

233

Tage ohne Niederschlag gab es 2019 – messbar an der Meteorologischen Uhr im Zrinjevac-Park.

316

Hektar umfasst der Maksimir, der größte Park Südeuropas mit dem ältesten Zoo Kroatiens.

4500

Cafés und Restaurants gibt es ungefähr in der Stadt – also 1 auf 175 Einwohner.

1035

Meter hoch ist der Berggipfel Sljeme – sogar ein Skiweltcup findet hier statt!

2100

m² misst der Fußgängertunnel, der unter dem Grič und hinter der Ilica verläuft.

7200

verschiedene Pflanzenarten kann man im Botanischen Garten entdecken… und 47 000 m² groß ist seine Fläche!

75 000

Studierende sind in Zagreb immatrikuliert, an der ältesten Universität des Landes.

»187 700… Zagreb« heißt der Asteroid, den die Brüder Cikota 2008 entdeckt haben.

Was ist wo?

Zagreb ist eine Stadt am Fluss, doch die Save (kroatisch Sava) sieht man nur außerhalb des Stadtzentrums. Sie trennt den in den 1950er Jahren angelegten Stadtteil Novi Zagreb von dem historischen Kern und den Stadtbezirken, die sich auf dessen Flussseite ausgedehnt haben.

Das Herz der Stadt

Zagreb erkundet man am besten vom **Jelačić-Platz** (🗺 E 4) aus. Er bildet das Herz der Stadt und liegt am Fuße der beiden Hügel **Kaptol** (🗺 E/F 2/3) und **Grič** (🗺 D 2/3), die heute Teil der Oberstadt sind. Nahe beim Jelačić-Platz beginnt auch das Grüne Hufeisen, das die Unterstadt mit Parkanlagen durchzieht. Sieben Straßenbahnlinien kommen am Platz zusammen – kein Wunder, dass man sich hier trifft, wenn man ausgehen, auf dem **Dolac-Markt** (🗺 E 3) oder in der Ilica shoppen oder die Gegend touristisch erkunden möchte. Am Jelačić-Platz befindet sich auch die Tourist-Info und, um die Ecke, das EU-Informationsbüro.

Oberstadt und Unterstadt

Kaptol und Grić gehören zur Oberstadt (Gornji Grad), wobei ersteres die kirchliche Macht präsentiert und letzteres die weltliche Macht. Im Herzen des Kaptol steht die **Kathedrale** von Zagreb, im Zentrum des Grić die **Markuskirche** mit ihrem bunten Dach, das die Wappen Kroatiens zeigt. Grić wird übrigens auch Gradec – kleine Stadt – genannt. Alle wichtigen staatlichen Institutionen sind um die Markuskirche angesiedelt: das Parlament *(sabor)*, der Banuspalast *(banski dvori)* als Sitz der Regierung, das Verfassungsgericht und an der Ecke zum Markusplatz das alte Rathaus der Stadt. Um von der **Strossmayer-Promenade** in die Unterstadt zu gelangen, kann man vom **Lotrščak-Turm** aus die **Uspinjača** nehmen. Unten angekommen befindet man sich inmitten der **Ilica,** der ältesten und auch einer der längsten Straßen der Stadt. Die Einkaufsstraße mit ihren zumeist kleinen Läden ist die Arterie der Unterstadt. Im Zentrum als Fußgängerzone angelegt, wird die Ilica hier nur mit den blauen Straßenbahnen befahren. Die Straße zieht sich bis in die Außenbezirke hinaus und ist insgesamt 5,66 Kilometer lang!

›Grünes Hufeisen‹

Das **›Grüne Hufeisen‹** (🗺 C–E 5–7) spannt sich vom **Nationaltheater** bis fast zum Jelačić-Platz. Die gegen Ende des 19. Jahrhunderts angelegte Promenade ist ein frühes Beispiel dafür, wie man wichtige Plätze der Stadt begrünt und miteinander verbindet. Auch wichtige Gebäude findet man dort. So kann man über das Hufeisen vom Nationaltheater ausgehend an der **Schauspielakademie,** dem im Jugendstil erbauten **Staatsarchiv,** dem **Botanischen Garten,** dem illustren **Hotel Esplanade,** dem **Hauptbahnhof,** dem **Kunstpavillon** und dem **Zrinjevac-Park** mit seiner Heldengalerie und seinem Musikpavillon vorbeiflanieren. Auch im Grünen liegt weiter östlich die **›Džamija‹** (🗺 H 4) das kreisrunde Gebäude, das Kunstausstellungen beherbergt, aber tatsächlich kurze Zeit auch als Moschee genutzt wurde.

Hoch auf die Hügel

Steigt man von der Kathedrale den Kaptol hinauf oder fährt hinter der Kathedrale am **Ribnjak** (🗺 F 2/3) entlang den Hügel hoch, kommt man zunächst zum **Mirogoj** (🗺 Karte 3, D 1/2), einem der größten und schönsten Friedhöfe Europas. Wenn man noch weiter hinaufgeht, gelangt man auf das

Sljeme-Gebirge (🕮 Karte 4, C 1). Nur zehn Kilometer von Zagreb entfernt kann man hier Skifahren und jährlich im Januar dem Skiweltcup beiwohnen. Wundern Sie sich also nicht, wenn Sie in der Unterstadt Straßenschilder mit Skisymbol sehen: Sie zeigen den Weg hinauf auf das Sljeme (wo man übrigens auch wandern kann).

Um den Britanac

Der **Britanac,** oder offiziell Britanski trg (Britischer Platz, 🕮 A 4), ist neben dem Dolac der zweitwichtigste Markt der Innenstadt. Das nach dem Platz benannte Viertel hinter dem Nationaltheater ist alternativ, es gibt nette Cafés, ein veganes Restaurant und viele Theater und Programmkinos – genau wie nördlich des Britanac der **Tuškanac** (🕮 Karte 3, C 3), wo das gleichnamige Kino im Sommer internationale Filme zeigt. Kontrastprogamm hierzu ist der von Britanac abgehende **Pantovčak.** Hier geht es an stattlichen Villen und Botschaftsgebäuden vorbei zum Präsidentenpalast, dem Sitz des Staatsoberhaupts.

Entlang der Savska

Die **Savska cesta** (🕮 Karte 3, B/C 5/7) führt von der Innenstadt hinaus zum Fluss **Save.** Hier wird es noch studentischer als am Britanac: Das **Studentenzentrum** ist in der Savska untergebracht, daneben sind der **Cibona-Turm** mit dem **Dražen-Petrović-Museum** und die Sportarena **Dom sportova** beliebt bei Sportfreunden. Technikbegeisterte werden im **Nikola-Tesla-Museum** glücklich und können dort unter anderem sein Arbeitszimmer und ein nachgestelltes Bergwerk besichtigen.

Im Neuen Zagreb

Novi Zagreb (🕮 Karte 3, C–E 7/8) ist ab dem Ende der 1950er-Jahre entstanden und ein aus mehreren Hochhaussiedlungen bestehendes Gemenge. Hier steht unter anderem die **Mamutica**, das größte Gebäude von Kroatien und einer der massivsten Apartmentblocks von Europa. In Novi Zagreb befinden sich auch der **Velesajam** (Messegelände), die **Arena Zagreb** und das **Museum für Moderne Kunst.**

Augenblicke

Straßen und Terrassen

Die Zagreber lieben es, sich auf einen Kaffee oder ein Bierchen zu treffen. »Na cugu« (sprich: na zugu), auf einen Drink, verabredet man sich auf dem Jelačić-Platz und schlendert von dort gemütlich zu einem der vielen, aneinandergereihten Straßencafés der Tkalčićeva. Übrigens nicht nur zu jeder Tageszeit, sondern auch zu jedweder Jahreszeit. Wiener Kaffeehauskultur vermischt sich hier mit Adria-Feeling.

Winter-Wunderland

Überall in der Stadt stehen Stände mit Fritule und Glühwein, Weihnachtsbäume mit Licitari-Herzen und Nussknacker in allen Größen. An Zrinjevac und Strossmartre erklingen Weihnachtslieder – und zwischen Hauptbahnhof und Kunstpavillon lädt eine Eislaufbahn vor besonders schöner Kulisse zum Kurvendrehen ein. Wer einmal den Weihnachtsmarkt in Zagreb besucht hat, wundert sich nicht, dass er bereits dreimal zum schönsten in ganz Europa gewählt wurde.

Advent u
Zagrebu

LED ZEPPELIN

Festwiese auf Kroatisch

Im Sommer sind Zagrebs Parkanlagen nicht nur beliebte Orte zum Abschalten, sondern auch Hotspots für Festivals jeder Art. Beim InMusic-Festival verwandelt sich der Jarun-See in eine Bühne für das größte kroatische Open-Air-Festival: Franz Ferdinand und Nick Cave traten schon mehrmals hier auf, auch The Cure, Garbage und Florence + The Machine waren zu Gast.

Ihr Zagreb-Kompass

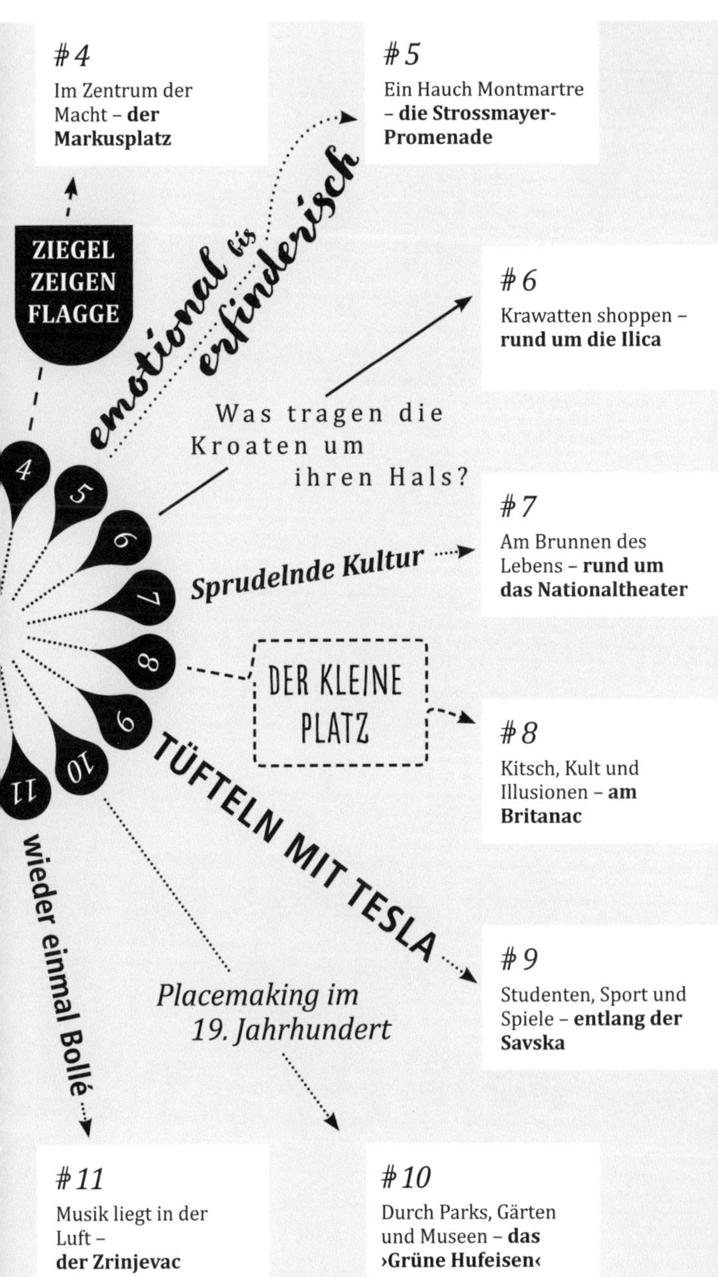
#4
Im Zentrum der Macht – **der Markusplatz**
#5
Ein Hauch Montmartre – **die Strossmayer-Promenade**
ZIEGEL ZEIGEN FLAGGE
emotional bis erfinderisch
#6
Krawatten shoppen – **rund um die Ilica**
Was tragen die Kroaten um ihren Hals?
#7
Am Brunnen des Lebens – **rund um das Nationaltheater**
Sprudelnde Kultur
DER KLEINE PLATZ
#8
Kitsch, Kult und Illusionen – **am Britanac**
TÜFTELN MIT TESLA
#9
Studenten, Sport und Spiele – **entlang der Savska**
Placemaking im 19. Jahrhundert
wieder einmal Bollé
4
5
6
7
8
9
10
11
#11
Musik liegt in der Luft – **der Zrinjevac**
#10
Durch Parks, Gärten und Museen – **das ›Grüne Hufeisen‹**

Ban(n) der Geschichte – **der Jelačić-Platz**

Viele blaue Straßenbahnen und Menschen kommen auf dem Jelačić-Platz zusammen. Hier ist die Mitte des Zentrums, das Herz der Stadt, die wichtigste Haltestelle zum Aus- und Umsteigen. Hier kommt man hin, wenn man sich zum Ausgehen trifft, egal, ob es einen danach in die Tkalčićeva oder in die Gegend um das Hotel Dubrovnik zieht.

Die Uhr ist ein wichtiger Orientierungspunkt. Hier trifft man sich, und von hier aus gehen alle Wegweiser ab.

»Pod satom« (unter der Uhr) verabredet man sich, wenn man abends mit Freunden ausgeht. Besagte Uhr steht auf dem **Jelačić-Platz,** dem zentralen Platz der Stadt. Cafés gibt es links und rechts des Platzes, und bis vor ein paar Jahren stand dort auch das städtische Kaffeehaus, die

Gradska kavana 1. Heute ist es eine Lounge und Tapas-Bar.

Zagreb ist eine alte Habsburger-Metropole, die Architektur und die Kaffeehauskultur zeugen davon, aber auch die Persönlichkeiten, die hier gewirkt haben: Nicht zu übersehen ist im Mittelpunkt des Platzes die **Reiterstatue** 2, die den Habsburg treuen **Josip Jelačić** (1801–1859) zeigt.

Die Statue und ihr Säbel

Jelačić war ein Ban, vom Rang her irgendwo zwischen Markgrafen und Vizekönig angesiedelt. Er war mitverantwortlich dafür, dass sich die Kroaten 1848 – zumindest für kurze Zeit – aus dem Königreich Ungarn verabschiedeten. Dies brachte Jelačić noch im selben Jahr die Ehre ein, dass der zentrale Stadtplatz nach ihm benannt wurde. 1866 folgte das Reiterdenkmal. Ein kleines Detail, das die Verbundenheit mit Österreich unterstreicht: Anton Dominik Fernkorn, der Künstler, der die Statue entwarf, war auch für die beiden Reiterdenkmäler auf dem Wiener Heldenplatz verantwortlich.

Demonstrativ zeigte der Säbel des Bans ursprünglich in Richtung Budapest, bis die Reiterstatue nach dem Sieg von Titos Partisanen im Jahr 1947 entfernt und der Platz in »Platz der Republik« umbenannt wurde. Vier Jahrzehnte lang versteckte man die Statue im Keller der **Glyptothek** (► S. 78). Erst 1990, kurz vor Kroatiens Unabhängigkeitserklärung, wurde die Statue aus der Verbannung geholt und an ihre ursprüngliche Stelle zurückgestellt. Der Säbel zeigt nun nicht mehr nach Ungarn, sondern gen Süden.

Mit der Rückkehr der Jelačić-Statue erhielt der Platz auch seinen vorherigen Namen wieder, doch den wird man bei jungen Kroaten nur selten hören. »Trg« sagen sie kurz, und jeder weiß, welcher Platz gemeint ist.

Wie die Stadt entstand

Das Herz des Zentrums, aber auch die Ursprünge der Stadt selbst sind nur ein paar Schritte entfernt von der Jelačić-Statue zu finden. Am östlichen Ende des Platzes steht der 1852 angelegte **Manduševac-Brunnen** 3, dem Zagreb einer Legende nach seinen Namen zu verdanken hat. »Manda, mei-

Unter der Uhr kann man die Wartenden studieren und raten, mit wem sie sich wohl treffen.

Im Gebäude der Städtischen Sparkasse war bis vor Kurzem auch die **Gradska kavana** 1 (städtisches Kaffeehaus) untergebracht. Während die Bank ein schönes Zeugnis der Architektur von 1919 darstellt, ist der linke Flügel vor ein paar Jahren von einem Kaffeehaus Wiener Art zu einer trendigen Lounge und Cocktailbar mutiert. Geblieben sind historische Bilder, die an die Geschichte der Zagreber Kaffeerösterei Johann Frank erinnern. 2022 wurde das Konzept um die Tapas-Bar **SOL Tapas na hrvatski** erweitert (► S. 97).

Der Manduševac-Brunnen ist, der Legende nach, der Ursprung der Stadt. Der Ausspruch »Manda, Liebes, pack an!« soll Zagreb seinen Namen gegeben haben.

ne Liebe, pack an« oder vielmehr »Manda, dušo, zagrabi« soll im 17. Jahrhundert ein alter Ban der hübschen Manda zugerufen haben, als diese zum Wasserschöpfen an die damals an diesem Ort befindliche Quelle kam. Aus dem »Zagrabi« soll sich der Name Zagreb entwickelt haben, sagen die einen. »Za breg« (zum Berg) bedeutet der Name eigentlich, sagen die anderen. Letzteres leuchtet ein, denn Zagreb ist umgeben von Bergen und selbst um zwei Hügel herum entstanden. Beide grenzen an den Jelačić-Platz: Kaptol und Grič (► S. 28).

Um die Quelle herum wurden bald feste Märkte veranstaltet, und schließlich entstand das erste Haus an der Nordseite des Platzes. »Harmica« wurde er von 1641–1848 genannt. Ein Name, der an das ungarische Wort für Zoll erinnert, an den »Dreißigsten« *(hurminc)*, den die Händler für das Ausstellen ihrer Waren erheben mussten. Heute sind die Marktaktivitäten, bis auf saisonale Events wie den Weihnachtsmarkt, auf den Dolac (► S. 24) verlegt worden.

Das **Popović-Haus** 4 ziert das beeindruckende »Bauern«-Relief (seljaci) von 1907. Es zeigt zehn Männer, deren körperliche Arbeit den Wohlstand der Handelsfamilie Popović möglich machte. Das Werk ist ein eindrückliches Beispiel für eine nicht freistehende Skulptur **Ivan Meštrovićs** (► S. 81).

Nur scheinbar einheitlich

So habsburgisch geprägt das Stadtzentrum auch ist, spiegelt sich an den Fassaden des Jelačić-Platzes doch die Architekturgeschichte mehrerer Epochen wider: Es überwiegen zwar Biedermeier und Wiener Sezession, daneben aber auch einige Zeugnisse der Nachkriegsarchitektur und Bausünden wie das Hochhaus Erste Sparkasse. Künstlerisch interessant sind Haus Nr. 4, das sogenannte **Popović-Haus** 4 mit seinem »Bauern«-Fries, und das im feinsten Sezessionsstil von Otto Wagner entworfene **Haus Nr. 5,** in dem heute das **Kraš Choco & Café** 1 untergebracht ist. Bemerkenswert ist auch die zum Platz zeigende Seite des 1929 entstandenen **Hotel Dubrovnik** (▸ S. 87), das in den 1980er-Jahren um einen nicht zu übersehenden Glasbau erweitert wurde.

Denken Sie sich ein ganz kurzes, offenes A zwischen dem T und R: »targ«. Vergessen Sie nicht, das R zu rollen, und Sie haben die Aussprache – zumindest ungefähr.

INFOS/ÖFFNUNGSZEITEN

Tourist Information Center: Trg Bana Jelačića 11, T 385 14 81 40 52, www.infozagreb.hr, Sa–Fr 8.30–21 Uhr

SÜSSE VERFÜHRUNG

Zum Nachtisch oder Kaffee lockt eine der beliebtesten Schokoladenmarken des Landes mit ihrem neuen **Kraš Choco & Café** 1 gleich neben der Jelačić-Statue. Seit 1911 ist das Zagreber Unternehmen Kraš (sprich: Krasch) bekannt für seine Bajadera-Nougatpralinen und seine Napolitanke-Waffeln. Seit 2020 kredenzt es diese Spezialitäten zusammen mit leckerem Schokoladenkuchen nach Wiener Art im Gebäude der ehemaligen Mala kavana, des kleinen Kaffeehauses. Im Winter werden auf der beheizten Terrasse auch *fritule,* kleine gefüllten Krapfen, serviert – natürlich nur mit feinster Kraš-Schokolade und auch mit Bajadera-Geschmack (Trg bana Josipa Jelačića 5, www.kraschocobar.com, Mo–Sa 8–22, So 8–16 Uhr, €€).

Cityplan: E 4 | **Straßenbahn** 1, 6, 11, 12, 13, 14, 17: Trg J. Jelačića

Unter roten Sonnenschirmen – **der Dolac-Markt**

Haben Sie schon einmal mit einer kumica verhandelt? Die »Patin« ist eine feste Größe des Zagreber Markttreibens. Auf dem ›Plac‹ verkauft sie Paprika, Melonen, Sauerrahm, Maisbrot und alles, was es sonst noch an heimischen Köstlichkeiten gibt. Beim Schlendern über den Markt begegnen Sie dieser Verkaufsspezialistin.

Schon auf dem Treppenaufsatz wird deutlich, wer hier oben auf dem **Dolac-Markt** 1 das Sagen hat: die *kumica,* die aus dem Zagreber Umland kommt und hier ihr selbst angebautes Obst und Gemüse feilbietet. Die Zagreber haben sie so gern, dass sie ihr eine eigene **Statue** 2 errichtet haben, oben, wenn man die Treppen zum Hoch-

Die kumica ist heute keine alte Bäuerin mehr und trägt auch kein Kopftuch. Modern und selbstbewusst verkauft sie ihre lokalen Produkte auf dem Dolac.

Hinter den charakteristischen roten Sonnenschirmen erhebt sich die barocke Marienkirche wie ein Leuchtturm. Schon von Weitem weist ihr Zwiebelturm den Weg.

plateau des Dolac hinaufsteigt. Dabei sind die *kumice* nicht nur ältere Mütterchen mit Kopftüchern, sondern auch moderne Frauen, die – ganz im Trend der Zeit – lokale Produkte aus eigener Produktion verkaufen.

Über dem bunten Treiben wacht die **Marienkirche,** auch Mariä-Heimsuchung-Kirche, die fünf Jahre lang als Kathedralkirche diente. Sie ist eine der wenigen Kirchen, die unbeschadet das Erdbeben von 1880 überstand – und auch als die Erde 2020 bebte, blieb sie von Zerstörung verschont.

Nicht gleich rot werden

Ein farbenfrohes Meer bilden die Verkaufsstände am Dolac, das malerische Bild wird noch verstärkt durch die *Šestinski kišobrani,* die roten Regenschirme, die ihre leuchtenden Farben von der Šestine-Tracht, einer Gegend im Zagreber Vorland, übernommen haben.

Doch warum sind die *Šestinski kišobrani* rot? Natürlich gibt es auch dazu eine Legende. Eigentlich seien sie schwarz gewesen, doch als ein Jüngling aus den Šestine, Janko, seiner Jankica seine Liebe gestanden und sie unter dem Schirm geküsst hatte, hätte der Schirm die Farbe gewechselt und in kräftigem Rot gestrahlt. Ob das stimmt? Jedenfalls zieren Janko und Jankica seitdem die Miniatur-Regenschirme, die es überall in der Stadt und natürlich auch auf dem Dolac zu kaufen gibt.

Kumice und kišobrani

Die *kumice* und die *kišobrani* sind nicht mehr wegzudenkende Merkmale des Dolac-Marktes,

Alteingesessene Zagreber nennen den Dolac und alle anderen Märkte der Stadt schlicht ›Plac‹ (gesprochen: Platz). Wundern Sie sich nicht, falls Ihnen auch viele weitere Wörter bekannt vorkommen: so einige Ausdrücke sind im Zagreber Dialekt noch aus der k.u.k.-Zeit übriggeblieben. Ein C wird übrigens wie ein deutsches Z oder TZ ausgesprochen: Dolac = Dolatz, Harmica = Harmitza, Kumica = Kumitza …

»Kumica Barica«, so haben die Zagreber die kumica getauft, die 2006 von Bildhauer Stjepan Gračan geschaffen und auf dem Treppenabsatz zum Dolac aufgestellt wurde.

der erst seit 1930 täglich hier stattfindet. Davor wurde er auf dem Jelačić-Platz (► S. 20), der früheren *hamica,* abgehalten. Doch nachdem Zagreb als Teil des neu gegründeten Königreichs Jugoslawien zu einer ständig wachsenden Handelsmetropole aufgestiegen war, war das alte Terrain zu klein geworden. Der neue ›Plac‹ sollte ein Markt nach europäischem Vorbild werden, so wie die Märkte in München, Frankfurt, Leipzig, Berlin, Prag oder Wien.

›Plac‹ nennen die Zagreber ihren Markt. Der offizielle Name jedoch lautet Dolac, so wie das Viertel, das einst hier stand und das Architekt Viktor Kovačić für die Ansiedlung des Marktes vorgeschlagen hatte. Während die **Fischhalle** (Ribarnica) nur vom oberen Plateau aus erreichbar ist, gibt es mehrere Möglichkeiten, in die große **Markthalle,** den ›Bauch Zagrebs‹, zu gelangen. Entweder direkt von unten, über die Straße Pod zidom (Unter der Mauer), die noch an die Mauer des ehemaligen Stadtteils Dolac erinnert. Oder die eindrucksvollere Variante – von oben, über die Treppen oder den Aufzug, die auf der Höhe der Fischhalle angebracht sind.

Köstlichkeiten aus allen Regionen

Wer sich dem Markt von oben nähert, hat den besten Überblick über die vielen verschiedenen Köstlichkeiten aus allen Regionen Kroatiens. Vom slawonischen *kulen* (einer Art Salami) bis zum istrischen *pršut* (der kroatischen Variante des Prosciutto), vom *Paški sir,* dem überregional berühmten Ziegenkäse von der Insel Pag, bis zum *sir i vrhnje* – leckerem Frischkäse mit Rahm in einer unvergleichlichen Textur. In der Weihnachtszeit gehen bequeme Städter hier auf die Suche nach *mlinci,* dünnen Fladen, die in kleine Stücke geteilt und in kochendem Wasser zu einem mit roter Bete und Pute servierten Weihnachtsschmaus verarbeitet werden. Und vor Silvester stehen die Zagreber an den Ständen Schlange, um eingelegte Kohlköpfe zu kaufen, die sie zu *sarma,* einer Art Krautwickel, verarbeiten.

Doch es gibt nicht nur Lebensmittel. Auch Kleidung, Souvenirs und Blumen werden auf dem Dolac und seinen Seitenarmen angeboten. Von Fußballtrikots bis zu den berühmten roten Regenschirmen als hölzerne Anhänger, von Lederwaren bis Hausschlappen, die nicht nur von Touristen, sondern wegen ihrer attraktiven Preise auch von Einheimischen gekauft werden.

Den Schalk im Nacken

Blumen findet man in der Verbindungsstraße zwischen dem Dolac und dem Jelačić-Platz (▶ S. 20), aber auch oben auf dem kleinen Platz, der als Seitenarm des Dolac angelegt ist und in dessen Mitte die Statue des **Petrica Kerempuh** 3 auffällt. Falls Sie sich fragen, wer dieser Jüngling war, der an einen Pfosten und einen sterbenden Mann gelehnt mit seiner Gitarre abgebildet ist: Er ist das kroatische Pendant zu Till Eulenspiegel, einem Schalk, der dem Volk den Spiegel vorhält. Er wurde in mehreren Werken verewigt, u. a. in der »Ballade von Petrica Kerempuh«, einer Erzählung des kroatischen Schriftstellers Miroslav Krleža, der unweit vom Marktplatz in der Straße Radićeva geboren wurde.

INFOS/ÖFFNUNGSZEITEN

Dolac-Markt 1: Mo–Fr 7–16, Sa 7–15, So 7–14 Uhr

SNACKS AM MARKT

Auf der Zwischenebene der Treppen zum Dolac gelegen eignet sich **Burek Dolac** ❶ wunderbar, um beim Marktbesuch die klassische Blätterteigspezialität vom Balkan zu probieren. Eigentlich – so sagen zumindest die Bosnier, die diese Spezialität nach Kroatien gebracht haben – sei nur Burek mit Fleischfüllung ein richtiger Burek, alles andere nenne sich *pita*. In Zagreb ist man da nicht so streng und serviert Burek sowohl mit Fleisch als auch mit Hüttenkäse, sowohl herzhaft als auch süß, von morgens bis abends (Dolac 2, burek.business.site, Mo–So 7–21 Uhr, €).
Direkt neben Burek Dolac, beim **Plac Kitchen & Grill** ❷, gibt es weitere Spezialitäten, die ursprünglich aus Bosnien stammen: *Ćevapčići* (oder einfach nur *Ćevapči*) und die Hamburgervariante des Balkans, *pljeskavice*. Aber auch moderne Hamburgerkreationen – für Vegetarier sogar mit Seitan – stehen auf der Karte (Dolac 2, T 385 146 87 67 61, https://plac-zagreb.com, Mo–Sa 10–23, So 11–18 Uhr, €). Das Markttreiben in Ruhe verfolgen kann man von der **Caffé Bar Sunce** ❸ aus. Die kleine Bar, deren Name übersetzt Sonne heißt, versprüht einen Hauch von Italien – nicht nur wenn die Sonne scheint (Dolac 4, tgl. 8–23 Uhr, €).

Opatovina ul.
Ul. Ivana Tkalčića
Skalinska ul.
Svete Marije
Bakača
Taxi
Ul. Pod Zidom
Ul. Tome
Ban Josip Jelačić
Trg bana Josipa Jelačića
Trg bana Josipa Jelačića
0
100 m

Cityplan E 3 | **Tram** 1, 6, 11, 12, 13, 14, 17

Historisch im Clinch – **Kaptol und Grič**

Krvavi Most, die »Blutige Brücke«, gibt es nur noch dem Namen nach. Den Namen trägt sie wegen der Spannungen, die jahrhundertelang zwischen den zwei Hügeln Zagrebs, dem Kaptol und dem Grič, herrschten. So groß waren die Differenzen, dass sie es sogar in die kroatische Literatur geschafft haben. Wo einst gekämpft wurde, sitzt man heute entspannt in Korbsesseln und trinkt Kaffee oder Cocktails.

Nur selten sieht man die Skalinska ohne Tische und Stühle in ihrer Mitte – viele beliebte Restaurants befinden sich in dieser Straße.

Nicht nur Budapest ist auf Hügeln gebaut, nicht nur Rom hat sein Kapitol. Auch Zagreb hat Hügel, von denen einer die weltliche Macht und einer die sakrale Seite repräsentiert. Das Zagreber ›Kapitol‹ heißt **Kaptol** und ist um die Kathedrale herum angelegt, unmittelbar vom Jelačić-Platz (► S. 20) abgehend. Der Hügel der weltlichen Macht heißt

Das Steinerne Tor ist eines der Wahrzeichen der Stadt. Dabei wäre das im 13. Jahrhundert erbaute Tor, das seine jetzige Form seit 1760 hat, beinahe abgerissen worden. Gerettet wurde es durch die Gesellschaft der »Brüder des kroatischen Drachen«, die im Obergeschoss des Tores ihr Büro hat.

Gradec (Städtchen) – auch Grič oder Gornji Grad, die Oberstadt, genannt. Wie das Kaptol geht auch der Grič-Hügel vom Jelačić-Platz aus. Um dorthin zu gelangen, läuft man an der Straße Radićeva hoch und durch das Steinerne Tor hindurch.

Aller Anfang ...

Verwirrend? Dann beginnen Sie Ihre Erkundungstour am besten im Kaptol, bei der **Kathedrale** 1. Wo heute der schlanke neogotische Bau steht, stand einst eine burgartige Festungskirche, deren Hauptschiff und Turm vollständig dem großen Erdbeben von 1880 zum Opfer gefallen sind. Nur die äußeren Befestigungsanlagen aus dem 16. Jahrhundert erinnern noch an die Zeit, als das osmanische Reich vor den Toren stand. Von der ursprünglichen,1094 zum Bischofssitz erhobenen Kirche, war schon nach den Tartareneinfällen im 13. Jahrhundert so gut wie nichts übriggeblieben. Wie die Kathedrale bis 1880 ausgesehen hat, kann heute im **Museum der Stadt Zagreb** (► S. 79) in der Oberstadt besichtigt werden. Ihr heutiges Erscheinungsbild verdankt sie Hermann Bollé, der Wiederaufbau wurde 1906 vollendet.

Für Zagreber und Kroaten von besonderer Bedeutung ist Kardinal Alojzije Stepinac, der sich nach dem Zweiten Weltkrieg gegen das kommunistische Regime aufgelehnt hatte und 1960 infolge von Zwangsarbeit und Inhaftierung im Gefängnis gestorben war. Viele pilgern heute zu dem im Chor der Kathedrale aufgebahrten Sarg des Kardinals, der 1998 nicht unumstritten von Johannes Paul II. seliggesprochen wurde.

Die Geschichte der blutigen Brücke

In der **Skalinska** 2 – benannt nach den *scaline*, italienisch und dalmatinisch für Treppen – sowie in der benachbarten **Tkalčićeva** 3 befindet man sich nicht nur in zwei der beliebtesten Fressgassen

VON WENIG BIS GANZ VIEL HUNGER

Trilogija Fino & Vino ❶ (lies: fino i vino = Fein und Wein): liegt direkt neben dem Franziskanerkloster in einem Kellergewölbe und ist eines der feinsten und dennoch erschwinglichen Restaurants auf dem Kaptol (Kaptol 10, T 385 14 84 53 36, www.finoivino.com, Mo–Sa 12–23 Uhr, €€).

Pizzaliebhaber schwören auf die vielfältigen Kreationen und günstigen Preise von **Nokturno** ❷ (Ul. Skalinska 4, T 385 14 81 33 94, www.restoran.nokturno.hr, tgl. 9–24 Uhr, €).

Kalorienreich, aber so lecker sind die Kuchen bei **Amélie** ❸. Ob Sie draußen oder drinnen sitzen: Der Laden und seine Kreationen sind unter den ›most instagrammable Spots‹ von Zagreb (Vlaška 6, T 385 15 58 33 60, www.slasticeamelie.com, Mo–Sa 8–23, So 8–22 Uhr, €).

Direkt neben dem Steinernen Tor kann man gegenüber der Apotheke in der **Kavana Lav** ❹ nett Kaffee trinken. Das charmante Gewölbe des Cafés wird geziert von Wechselausstellungen lokaler Künstler (Opatička 2, T 385 992 22 20 75, IG: @kavana_lav, Mo–Do 7–24, Fr, Sa 7–2, So 8–24 Uhr, €).

Cityplan C–F 2/3 | **Tram** 1, 6, 11, 12, 13, 14, 17: Trg J. Jelačića

Zagrebs, sondern taucht ein die Geschichte des Gradec und seiner Rivalität mit dem Kaptol.

Wo sich heute auf der Tkalčićeva Rattansessel und Biergartengarnituren aneinanderreihen, verlief einst der **Bach Medveščak** und trennte das Kaptol von seiner Nachbarsiedlung, dem 1242 erstmals in der goldenen Bulle verzeichneten Gradec. Immer wieder kam es zu Spannungen zwischen den Herren des Kaptol, die beide Ufer des Medveščak und damit die Erträge der dort stehenden Mühlen für sich vereinnahmen wollten, und den Bürgern des Gradec, die die Trennlinie zwischen beiden Siedlungen in der Mitte des Baches sahen. Als 1656 die hölzerne Brücke, die beide verband, durch einen Sturm zerstört wurde, wehrte sich das Kaptol gegen den vom Gradec geforderten Neubau der Brücke. Nachdem die Sache erfolglos vor dem Parlament ausgetragen worden war, beschlossen die Bürger des Grades, die Brücke aus eigener Kraft zu bauen. Darauf reagierte das Kaptol 1667 mit der Mobilisierung von 300 Soldaten, es kam zum Kampf.

Noch heute erinnert der Name der Straße Krvavi most (Blutige Brücke) an die gewaltsame Auseinandersetzung. Von dem Bach ist heute nichts mehr zu sehen.

Nicht etwa eine Marienstatue, sondern die schlanke Silhouette der schönen Dora, Hauptfigur des Romans »Zlatarevo zlato«, ziert die Außenmauer des Steinernen Tores.

Romeo und Julia in Zagreb

Von den Spannungen zwischen Kaptol und Gradec erzählt auch einer der wichtigsten kroatischen Schriftsteller des 19. und beginnenden 20. Jahrhunderts, August Šenoa. In seinem 1871 veröffentlichten **Roman »Zlatarevo zlato«** (»Das Goldkind«) erzählt er die Geschichte des Goldschmidts Petar Krupić und seiner hübschen Tochter Dora. Deren tragische Liebe zum Sohn des Herrn von Medvedgrad (▶ S. 85) kann als kroatisches Pendant zu Romeo und Julia angesehen werden. Wer die schöne Dora heute bewundern möchte, findet ihr Bildnis am **Steinernen Tor** 4, dem einzigen noch erhaltenen Stadttor des Gradec. Eine von Ivo Kerdić 1929 geschaffene, filigrane Statue ziert eine Nische auf der Seite des Tores, an dem das Haus des Goldschmidts und seiner Tochter gestanden haben soll.

Anziehungspunkt für die Massen ist das Steinerne Tor (Kamenita vrata) jedoch aus einem anderen Grund. Dankestafeln und Dutzende von Kerzen erhellen den Durchgang. Das Tor ist zu einem Sanktuarium zu Ehren der **schwarzen Madonna** geworden. Ihr Bildnis hat unbeschädigt einem Brand aus dem Jahr 1731 standgehalten. Sowohl Gradec als auch Kaptol wurden von dem Brand massiv beschädigt, doch das Bildnis der Madonna blieb unversehrt. Die heutige Höhlenkapelle wurde 1760 angelegt, der kleine Laden, in dem heute Kerzen gekauft werden können, stammt noch aus dem Mittelalter.

UM DIE ECKE

Nur ein paar Schritte vom Steinernen Tor entfernt, an der Straßenecke, befindet sich die älteste **Apotheke** 5 von Zagreb (Hausnr. 9). Bereits 1355 wurde die Apotheke auf dem Gradec eröffnet (zwei Jahrhunderte vor der ersten Apotheke auf dem Kaptol!). Berühmt aber ist sie aus einem anderen Grund: Hier arbeitete, wie eine Tafel beschreibt, ab 1399 Niccolò Alighieri, der Urenkel des Autors der »Göttlichen Komödie«.

Dante hat zwar nicht in dieser Apotheke gearbeitet, dafür aber der Urenkel des Dichters.

Im Zentrum der Macht – **der Markusplatz**

Am Zagreber Markusplatz thront kein Löwe wie bei dem berühmten Namensvetter in Venedig – hier wird Flagge gezeigt! Die Markuskirche mit ihrem auffälligen Dach, dessen Ziegel das Wappen Kroatiens nachbilden, ist eine der bekanntesten Sehenswürdigkeiten. Um die Kirche wird es politisch und auch ein wenig britisch: mit einer Wachablösung fast wie in England.

Was dem Kaptol die Kathedrale, das ist dem Gradec die aus dem 13. Jahrhundert stammende **Markuskirche** 1. Dort befindet sich das Zentrum der einst selbstständigen Stadt: Um den Platz herum sind Regierungsgebäude, Parlament und Verwaltungsgericht angesiedelt, in der zum Trg Svetog Marka führenden Straße das alte Rathaus. Blickfang sind die emaillierten Dachziegel der Kirche,

Mit traditionellen ›Krawatten‹ wie einst nimmt das Kravat-Regiment bei der Wachablösung seine Stellung ein.

auf denen zwei Wappen abgebildet sind: rechts die weiße Burg auf rotem Hintergrund als Symbol der Stadt Zagreb, links das Wappen des Königreichs Kroatien, Slawonien und Dalmatien mit dem Schachbrettmuster für Kroatien, dem Marder für Slawonien und den drei Löwenköpfen für Dalmatien. Das auffällige Dach ist vermutlich auf Anregung des Wiener Architekten Friedrich von Schmidt entstanden, der die Renovierung 1876 begonnen und maßgeblich gestaltet hat. Vollendet wurde die Umgestaltung in eine neugotische Kirche im Jahr 1882 von Hermann Bollé, der auch bei der Renovierung der Kathedrale federführend war. Ein Architekt, der überhaupt für so manches wichtige Denkmal in Zagreb verantwortlich ist (z. B. Mirogoj ▸ S. 68 oder Zrinjevac ▸ S. 60).

Gesamtkunstwerk

Das Innere der Markuskirche wurde durch das Erdbeben 2020 stark beschädigt und ist deshalb renovierungsbedingt meist geschlossen. Sollte das hölzerne **Südportal** mit gotischen Skulpturen aus dem 14. Jahrhundert dennoch geöffnet sein, werfen Sie einen Blick ins Innere der Kirche. Hier hat der berühmte Bildhauer Ivan Meštrović (▸ S. 81), der in der benachbarten Mletačka Ulica sein **Atelier** hatte, zusammen mit dem Maler Jozo Kljaković ein Gesamtkunstwerk geschaffen. Von Kljaković stammen 14 großflächige Fresken zum Text des Vater Unser, des Ersten Gebots und anderer Bibelstellen sowie das goldene Gewölbedach der Kirche. Von Meštrović sind das Kreuz im Chorraum und in den Seitenschiffen die Altäre mit Statuen, eine Maria mit Kind und eine mit dem sterbenden Jesus.

Geschichte um den Banuspalais

Direkt gegenüber dem Seiteneingang der Markuskirche passt eine Wache auf das Regierungsgebäude auf. Schon seit 1808 sind die barocken **Banski dvori** 2 (Paläste des Ban) der Ort, von dem aus Kroatien regiert wird. Hier lebte auch der legendäre Ban Josip Jelačić (▸ S. 21). 1990 zog Franjo Tuđman als erster Präsident der damals noch zu Jugoslawien gehörenden Teilrepublik Kroatien ein. Eine Plakette an der Fassade des Hauses erinnert an den Raketenbeschuss der Jugoslawischen Volksarmee vom 7. Oktober 1991, bei dem eine Person getötet und vier weitere

Vielleicht wissen Sie es bereits: Die Krawatte hat ihren Namen von den Kroaten. Genauer gesagt von dem bunten Tuch, das kroatische Soldaten im 17. Jahrhundert um den Hals gebunden hatten. Wie dieses sogenannte **Kravat-Regiment** ausgesehen hat, kann heute wieder hautnah erlebt werden: Seit 2010, jeweils von Ende Mai bis Anfang Oktober und immer samstags und an Feiertagen, begeht mit dem Kanonenschlag um 12 Uhr eine Formation von 12 Soldaten und Reitern die Wachablösung auf dem Markusplatz. Nach der Waffenkontrolle nehmen die Soldaten anschließend ihre Positionen ein: am Seiteneingang der Markuskirche am Markusplatz, am Jelačić-Platz (Hauptplatz) und an der Muttergottesstatue auf dem Kaptol.

verletzt wurden. Tuđman sowie der damalige Präsident Jugoslawiens, Stjepan Mesić, die sich zu diesem Zeitpunkt in dem Gebäude befanden, konnten dem Attentat nur knapp entkommen. Einen Tag darauf, am 8. Oktober, erklärte das Parlament die Unabhängigkeit Kroatiens – nicht jedoch von dem **Parlamentsgebäude** (Sabor) aus, das sich auf der gegenüberliegenden Seite des Markusplatzes befindet, sondern aus Sicherheitsgründen vom Sitz des kroatischen Erdölkonzerns INA im Stadtzentrum, im Untergeschoss und weit genug von der Oberstadt entfernt.

Ein Theater wird zum Rathaus

Die Geschicke der Stadt wurden lange Zeit in dem Gebäude an der Ecke zur Ćirilometodska bestimmt: dem **Alten Rathaus** 3. Erst 1958 zog die Stadtverwaltung in die Unterstadt, in den Neubau gegenüber der **Konzerthalle Vatroslav Lisinski** (▶ S. 75). Das Alte Rathaus wird nach wie vor für Hochzeiten und feierliche Ereignisse genutzt. Auch Musik wurde lange Zeit hier gespielt. Im ehemaligen Rathaus entstand nämlich das erste kroatische Nationaltheater, gespendet von dem Kaufmann Kristofor Stanković, der das notwendige Geld durch einen Lottogewinn erworben hatte. Die Stadthalle, die schon 1787 durch Erwerb des Nachbarhauses erweitert worden war, wur-

Die europäische und die kroatische Fahne wehen am Gebäude des sabor, des kroatischen Parlaments. Seit 2013 ist Kroatien EU-Mitglied, seit 2023 bezahlt man mit dem Euro.

GROSSVATERS KÜCHE

Vor dem Ambiente der Markuskirche macht ein Mercedes-Oldtimer Werbung für die **Konoba Didov san** 1 (Großvaters Traum). Das Restaurant direkt gegenüber dem **Meštrović-Atelier** (► S. 81) bietet dalmatinische Küche wie am Meer (*dida* ist der dalmatinische Ausdruck für Großvater), aber auch bodenständige Zagreber Küche wie das Zagreber Schnitzel (Cordon bleu) oder gefüllte Paprika (Mletačka 11, T 385 14 85 11 54, https://konoba-didovsan.com/, Mi–Mo 11–23.30, Di 10–23.30 Uhr, €€).

Die Klet **Cinkuš** 2 direkt daneben ist eine urige Zagreber Kneipe (*klet* ist ein Restaurant mit Musik, *cinkuš* im Zagreber Dialekt jemand der *cinka* – ›verzinkt‹, also. verpetzt). Manchmal gibt es hier folkloristische Konzerte mit Tamburica, einem der Mandoline ähnelnden Instrument, das typisch für die Region ist (Mletačka 9, T 385 16 57 89 07, €).

Cityplan D 2/3 | **Bus** 150: Markov trg

de kurzerhand um eine Etage aufgestockt, zwei Grundstücke in der benachbarten Freudenreichova wurden hinzugekauft. 1835 wurde im Theater zum ersten Mal ein Lied auf Kroatisch aufgeführt: das Lied **»Još Hrvatska ni propala«** (»Noch ist Kroatien nicht untergegangen«) von Ljudevit Gaj (► S. 69), die inoffizielle Hymne der illyrischen Bewegung. Auch die erste kroatische Oper, »Ljubav i zloba« von Lisinski, wurde hier uraufgeführt. Der Titel (»Liebe und Bosheit«) mag vielleicht einer der Gründe sein, warum unweit des heutigen Hochzeitssaals das **Museum der zerbrochenen Beziehungen** (► S. 38) untergebracht ist.

Ebenfalls in der Nähe befindet sich die griechisch-orthodoxe **Kirche der hl. Kyrill und Methodius** 4 (Ćirilometodska ulica 1), die der Straße ihren Namen verleiht. Die neobyzantinische Konkathedrale wurde von Hermann Bollé entworfen (um den Sie hier in Zagreb nicht herumkommen werden, z.B. ► S. 69).

In der Nachbarschaft liegt auch das **Kroatische Museum für Naive Kunst** (► S. 78), das mit rund 1500 Exponaten einzigartig in seiner Art ist. Mit Ivan Generalić zeigt es Kroatiens berühmtesten Vertreter dieser Kunstform.

Ein Hauch von Montmartre – **die Strossmayer-Promenade**

Ob Sie mit der ältesten Seilbahn des Landes gemütlich hochtuckern oder über den roten Graffititeppich die Stufen erklimmen: Die Strossmayer-Promenade eignet sich für einen romantischen Moment mit Blick auf die Stadt. Wer wenig mit Romantik am Hut hat, kann sein gebrochenes Herz im Museum der zerbrochenen Beziehungen abgeben.

Um 12 Uhr mittags unter dem **Lotrščak-Turm** 1 zu stehen, ist keine gute Idee. Denn dann wird die Kanone abgefeuert, der **Grički top,** der mit seinem ohrenbetäubenden Lärm seit 1877 an

Fotoshooting auf dem Gradec-Plateau

die Gründung der Stadt erinnert. Der Turm selbst existiert seit dem 13. Jahrhundert und stützte einst das mittlerweile verschwundene südliche Stadttor. Hineinschauen lohnt sich: Unten werden in der Tourist-Info recht geschmackvolle Geschenkartikel und Postkarten verkauft, oben ist ein Raum für Wechselausstellungen der benachbarten Schlossgalerie **Klovićevi dvori** 4. Wer ganz hinaufsteigt, wird mit einem Blick auf die Stadt belohnt, der noch umfassender ist als der Blick von der sehr beliebten romantischen Promenade, dem **Strossmayerovo šetalište.**

Die Uspinjača, die kürzeste Stadtseilbahn der Welt, verbindet die Strossmayer-Promenade mit der Ilica.

Amélie und Antun lassen grüßen

›Strossmartre‹ wird die Promenade von den Einheimischen zärtlich genannt, und wenn Sie dort stehen, wissen Sie warum: Während unterhalb des Lotrščak-Turms Straßenmusiker traditionelle Weisen erklingen lassen, schmiegen sich die Liebespaare entlang der Promenade aneinander und blicken sehnsüchtig auf die Unterstadt. Dorthin sieht auch **Antun Gustav Matoš** 2, der in Form einer Statue auf einer der Parkbänke verewigt wurde. Finden Sie ihn? Sommers wie winters, wenn die Häuschen des Weihnachtsmarktes ihn umringen, gesellen Touristen sich zu ihm auf die Bank und machen Fotos, auch wenn die wenigsten wissen, wer er eigentlich war: ein Schriftsteller und Dichter nämlich, dessen naturalistisch und symbolisch beeinflussten Werke von den Kroaten zuweilen mit Charles Baudelaire verglichen werden.

Seit 2009 lässt der **Grički top** es auch virtuell krachen, mit einer eigenen Facebook-Seite. Auf dieser wird täglich um Punkt 12 Uhr nichts weiter als ein fettes BUM! gepostet. Die Zagreber und Touristen lieben es und kommentieren, wie sie den großen Knall empfunden haben. Die Kanone hat über 20 000 Follower.

Erfinderische Street-Art

Beliebter Treffpunkt ist auch das **Gradec-Plateau** 3, eine Panoramaterrasse, die einen Blick auf die Kathedrale, das Kaptol (▶ S. 28) sowie die Marienkirche am Dolac (▶ S. 25) bietet. Im Sommer wird hier die Bühne für das Sommerkino aufgebaut. Im Winter ist dies einer der wichtigsten Plätze des Weihnachtsmarktes, an Silvester sieht man von dieser Stelle aus am besten das städtische Feuerwerk. Beim Hinaufgehen entdecken Sie sicher die **Graffitifresken** zu Ehren von **Nikola Tesla, Eduard (Slavoljub) Penkala** und **David Schwartz**. Während Tesla dank des nach ihm benannten Elektroautos heute in aller Munde ist, sind Penkala, der einen Vorläufer des Kugel-

Eine vergleichsweise neue Touristenattraktionen ist der 350 Meter lange **Grič-Tunnel** 10 *(Radićeva 2, tgl. 9–21 Uhr), der die Radićeva und die Mesnička miteinander verbindet und zwei weitere Ausgänge nach Süden hat. Der 1943 gebaute Tunnel ist ein Ort für künstlerische Installationen, insbesondere während der Weihnachtszeit. Vor zwanzig Jahren passierte im Tunnel etwas Außergewöhnliches: 1993, mitten im Kroatienkrieg, fand darin die erste Rave-Party statt. »We want music, we want peace, and the whole world knows that,« sagte ein Teilnehmer gegenüber dem Sender MTV, der live von dem Event berichtete.*

schreibers erfunden hat, und David Schwartz, dessen Entwürfe als Grundlage für den Zeppelin galten, heute einem weitaus weniger breiten Publikum bekannt (mehr zu Street-Art ▶ S. 83).

Kunst und Jesuiten

Um Kunst im traditionellen Sinne dreht sich alles in den **Klovićevi dvori** 4, der größten Galerie des Landes. In den letzten Jahren wurden dort interessante Ausstellungen unter anderem zum Bauhaus und zu naiver Kunst gezeigt. Die ›Schlösser des Klović‹, wie die Galerie übersetzt heißt, ist benannt nach dem Renaissancekünstler Juraj Julije Klović. Außerhalb Kroatiens wurde er als ›Clovio Croata‹ und ›Michelangelo der Miniatur‹ bekannt und war unter anderem ein Förderer des damals noch jungen El Greco. Ursprünglich war Klović ein Mönch, und der Gebäudekomplex war einst ein Jesuitenkloster, zu dem auch eine Schule und die barocke Katharinenkirche gehörte.

Die **Katharinenkirche** 5, die ihrer Form nach der Mutterkirche der Jesuiten Il Gésu in Rom nachempfunden ist, hat eine bewegte Vergangenheit: 1645, 1647 und 1706 wurde sie durch Brände zerstört, weshalb sie in der ersten Hälfte des 18. Jahrhunderts gründlich renoviert wurde. 1880 fiel sie dem großen Erdbeben zum Opfer – und als die Erde nach 140 Jahren im März und Dezember 2020 gleich zweimal bebte, wurde das mit rosa Stuck verzierte Gewölbe so stark beschädigt, dass sie leider derzeit nicht besichtigt werden kann.

Zerbrochene Beziehungen

Neben der Katharinenkirche ist seit 2010 eines der kuriosesten und beliebtesten Museen der Stadt untergebracht. Es funktioniert ein wenig anders als klassische Museen: Gespendet und gesammelt werden Objekte aus zerbrochenen Beziehungen rund um den Globus. Initiiert wurde das Ganze von den Künstlern Olinka Vištica und Dražen Grubišić, die damit ihre eigene gescheiterte Partnerschaft verarbeiten wollten. Heute hat das **Museum of Broken Relationships** 6 Dependancen auf der ganzen Welt, um weiterhin Zeugnisse gebrochener Herzen zu dokumentieren. Wer seine eigene Geschichte ›spenden‹ möchte, kann dies über die Website des Museums tun.

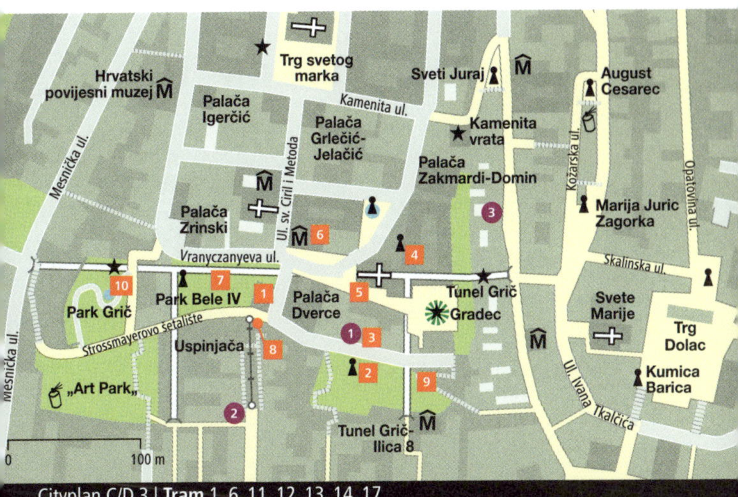

Cityplan C/D 3 | **Tram** 1, 6, 11, 12, 13, 14, 17

INFOS/ÖFFNUNGSZEITEN

Lotrščak Turm 1: Strossmayerovo šetalište 9, www.gkd.hr/kula-lotrscak, Di–Fr 9–20, Sa, So, Fei 11–20 Uhr
Klovićevi Dvori 4: Jezuitski trg 4, T 385 14 85 19 26, www.gkd.hr, 1. Juni–30. Sept., tgl. 9–22 Uhr, 1. Okt.–31. Mai tgl. 10–22 Uhr
Museum of Broken Relationships 6: Ćirilometodska 2, T 385 14 85 10 21, www.brokenships.com, 1. Juni–30. Sept., tgl. 9–22 Uhr, 1. Okt.–31. Mai tgl. 10–21 Uhr

ESSEN MIT AUSSICHT

Auf der Strossmayer-Promenade können Sie sich auf dem **Gradec-Plateau** 1 bei diversen Street-Food-Ständen stärken. Bei der Uspinjača wartet ein gleichnamiges Lokal mit kroatischer Küche: **Restorant Uspinjača** 2 (Tomićeva 3, https://restoran-uspinjaca.eatbu.com, tgl. 11–23 Uhr, €€). Bei **Ferdinand knedle** 3 kann man süße oder herzhafte gefüllte Knödel probieren (Radićeva 23, www.ferdinandknedle.hr, tgl. 10–22 Uhr, €).

UM DIE ECKE

Zwischen dem **Lotrščak-Turm** 1 und dem **Meteorologischen Institut** lädt seit 2012 der **Park Bela IV** 7 zum Verweilen ein. Benannt ist der kleine Park nach dem kroatisch-ungarischen König, der Zagreb 1242 die Goldene Bulle und damit das Stadtrecht übergab. Für den Rückweg in die Unterstadt haben Sie – zumindest im Sommer – drei Möglichkeiten: Zurück über das **Steinerne Tor** (► S. 31), gemütlich mit der **Seilbahn Uspinjača** 8 hinuntertuckern oder die Stufen **Zakmardijeve stube** 9 nehmen. Dabei kann man Graffiti- und Street-Art-Kunstwerke entdecken, für die die Stufen bekannt sind.

Krawatten shoppen – **rund um die Ilica**

Als älteste und eine der längsten Straßen der Stadt ist die Ilica gerade im Stadtzentrum für schicke Boutiquen bekannt. Dabei verbirgt sich in ihrem Namen keine Einkaufsträume versprechende Prachtstraße, sondern ganz einfach das kroatische Wort für Straße: Ulica. Unweit der Ilica hat man die Gelegenheit, einen der Exportschlager Kroatiens zu kaufen: Krawatten.

Keine Straße verbindet man so sehr mit Zagreb wie die Ilica. Die mit 5,66 Kilometern drittlängste Straße der Stadt ist gleichzeitig auch die älteste. Seit 1431 ist sie unter dem heutigen Namen verzeichnet, zuvor war sie als **›Lončarska ves‹** (Töpfer-Dorf) bekannt. Wie auch die Tkalčićeva (► S. 29) wurde sie auf einem versickerten Bach gebaut, und dort, wo einst schlammiger Boden

Traditionelle blaue Straßenbahn vor Zagrebs traditionsreichstem Kaufhaus, der Nama.

Die gläserne Jugendstilkuppel ist einer der Hingucker der Einkaufspassage Oktogon.

das Bild bestimmte, reihen sich heute kleine Boutiquen und stilechte k.u.k.-Bauten aneinander. Zumindest im Zentrum, denn je weiter entlang Sie der Ilica schlendern, desto weniger werden Sie sich wie in einer Großstadt fühlen.

Kaufen wie in k.u.k.-Zeiten

Vom Jelačić-Platz aus startend, fällt auf der rechten Seite zunächst das **Nama-Gebäude** 1 (▶ S. 98) mit seinen beiden Kuppeln auf. Es beherbergt das älteste Kaufhaus der Stadt, das 1945 zu ›Narodni magazin‹ (Volksladen) umfirmierte ›Kastner i Öhler‹. Im Inneren hat es leider einen Teil seines ursprünglichen Charmes eingebüßt.

Nicht so das schräg gegenüberliegende **Oktogon** 2. Dessen beide Passagen kommen in einem achteckigen Atrium mit Glaskuppel zusammen und verbinden die Ilica mit dem Preradović-Platz. Hier befindet sich neben der ältesten Sparkasse der Unterstadt auch die Boutique **Croata** 1, die neben Anzügen, Damenblusen und Fliegen den bekanntesten Exportschlager Kroatiens verkauft: die Krawatte. Eine goldene Krawatte dient als Türgriff, im Inneren erinnert eine Statue von Beethoven an diesen berühmten Träger des kroatischen Modeaccessoires, ein Krawattenmodell ehrt Nikola Tesla, ein anderes nimmt das Muster des ersten kroatischen Alphabets *glagolica* auf. So stolz ist das Unternehmen auf die kroatische Errungenschaft, dass es sogar einen internationalen Tag der Krawatte initiiert hat. Feiern Sie mit, falls Sie an einem 18. Oktober in Zagreb sein sollten!

Verschwundene Blumen

Der **Preradović-Platz** 3 wird von den Zagrebern schlicht ›Blumenmarkt‹ (Cvijetni trg) genannt. Heute erinnern nur noch ein paar Kioske an den Markt, der bis in die 80er-Jahre stattgefunden hat. Terrassen, die sich auch auf die benachbar-

Zwei Genies in einer Statue – Nikola Tesla, in Bronze verewigt von Ivan Meštrović, mit dem der Erfinder einen regen Briefkontakt hatte.

te Bogovića erstrecken, haben das Blumenmeer verdrängt. In den umliegenden Straßen sind viele Buch- und Musikläden ansässig. Besonderer Hingucker ist der Eingang des Buchladens **Hoću knjigu** (► S. 99).

Seinen eigentlichen Namen verdankt der **Preradović-Platz** dem kroatischen Schriftsteller, Übersetzer und als Nationaldichter gefeierten **Petar Preradović,** dessen Denkmal die Mitte des Platzes ziert. Er war der Großvater der Verfasserin der österreichischen Nationalhymne, Paula Preradović, selbst ein hoher Offizier im Habsburgerreich und enger Vertrauter von Josip Jelačić.

Die Eltern des 1818 nahe der ungarischen Grenze geborenen Preradović gehörten der serbisch-orthodoxen Religionsgemeinschaft an. Seine Statue bildet somit auch eine Verbindung zu der benachbarten **Kathedrale der Verklärung des Herrn** 4 (Katedrala Preobraženja Gospodnjeg u Zagrebu), der Hauptkirche der Serben in Kroati-

INFOS/ÖFFNUNGSZEITEN

Nama 1: Ilica 6, T 385 14 80 31 11, www.nama.hr, Mo–Fr 8–20, Sa 8–15 Uhr

Kathedrale der Verklärung des Herrn 4: Preobraženska ul. 4, tgl. 8–20 Uhr

Croata 1: Oktogon, Ilica 5, T 385 16 45 70 52, Mo–Fr 9–20, Sa 9–15 Uhr

EISZEIT

Lust auf Eis oder Süßes? Für beides ist die *slastičarnica* (Eisdiele) **Vincek** 1 eine der besten Anlaufstellen. Das 1977 gegründete Familienunternehmen hat mittlerweile mehrere Filialen in Zagreb. Berühmt ist es auch für sein Kastanienpüree (Ilica 18, T 385 14 83 36 12, Mo–Sa 8.30–23 Uhr, €; um die Ecke, an der Uspinjača, als **Vis à Vis** 2 auch glutenfrei, Tomićeva 2, www.vincek.com.hr, Mo–Sa 9–22 Uhr, €). Konkurrenz bereitet Vincek die Eisdiele und Konditorei **Slastičarnica Zagreb** 3, die zwar über 20 Jahre älter ist, sich aber etwas moderner präsentiert (Masarykova 4, T 385 14 81 09 55, www.slasticarnica-zagreb.com, tgl. 8–23 Uhr, €). **Chocolat 041** 4 (benannt nach der ehemaligen Vorwahl von Zagreb) ist die dritte *slastičarnica* im Bunde (Masarykova 25, IG: @b041.zagreb, Mo–Sa 7–2, So 7–1 Uhr, €).

Cityplan C/D 4/5 | **Tram** 1, 6, 11, 12, 13, 14, 17

Petar Preradović hat nicht nur ein Standbild, sondern auch einen Platz vor Ort – bekannt aber ist dieser unter dem Namen ›Blumenmarkt‹ (Cvijetni trg).

en und Slowenien. Im Zuge des **Toleranzpatents Kaiser Josephs II.** war die ehemalige Margarethen-Kirche 1794 an die orthodoxe Gemeinde Zagrebs verkauft worden. Das heruntergekommene Gotteshaus wurde 1866 durch die Kirche in ihrer jetzigen Form nach Plänen von Franjo Klein ersetzt. An der Restaurierung des Glockenturms beteiligt war … Zagrebs umtriebiger Architekt Hermann Bollé! Gehen Sie ruhig hinein, aber bleiben Sie im Eingangsbereich stehen, um den Altarraum mit seiner 34 Ikonen umfassenden Ikonostase aus dem 19. Jahrhundert zu bewundern.

Nikola Teslas Straße

Ein Kind serbischer Eltern war auch Nikola Tesla, dessen von Ivan Meštrović (▶ S. 81) geschaffene **Statue** 5 die Ecke zwischen der Preradovića, Teslina und der hier beginnenden Masarykova ziert. In der Masarykova finden sich kleine, aber noble Boutiquen, einige gute Restaurants (▶ S. 96) und ein architektonisches Highlight: das blau-golden glänzende **Kallina-Haus** 6, ein schönes Beispiel von Sezessionsarchitektur. Erbaut wurde es 1903/04 von Vjekoslav Bastl.

UM DIE ECKE

Wie auch der Blumenmarkt ist das legendäre **Kino Europa** 7 verschwunden, was mit dem Bau eines neuen Einkaufszentrums zusammenhing. Und Anlass langer Bürgerproteste in den 2010ern war. Sogar ein Trojanisches Pferd wurde aufgebaut. Geholfen hat es nur halb: Das Einkaufszentrum steht mittlerweile, das Kino wurde 2019 geschlossen. Die Zukunft des ›Europa‹, das auch die Dachorganisation des Zagreb Film Festivals (▶ S. 107) beherbergt, bleibt bis auf Weiteres ungewiss. »Ne damo kino« (»Wir geben das Kino nicht her«) – die Proteste gehen also weiter.

Am Brunnen des Lebens – **rund um das Nationaltheater**

Hier steht die »Geschichte der Kroaten« und der »Brunnen des Lebens«, zumindest symbolisch durch die Werke des berühmtesten kroatischen Bildhauers Meštrovićs repräsentiert. Ob der Platz wohl deshalb kürzlich in »Platz der Republik Kroatien« umbenannt wurde?

Dramatisch von innen und außen: das Nationaltheater – kurz HNK (Hrvatsko narodno kazaliste) genannt.

Majestätisch präsentiert sich das Gelb leuchtende **Nationaltheater** 1 in der Mitte des Platzes, der bis 2017 Trg Maršala Tita (Platz Marschall Titos) hieß. Schon seit 1895 prägt das Theater den Platz. Zuvor war es im jetzigen Rathaus in der Oberstadt untergebracht gewesen. Der Umzug hat dem mittlerweile um eine Operngesellschaft erweiterten Ensemble gutgetan. Gut passt es hier

Schon früh, mit 22 Jahren, hat Meštrović mit dem »Brunnen des Lebens« eines seiner berühmtesten Meisterwerke erschaffen.

hinein, umrahmt von Museen und Prachtbauten, die raumwirkend um das ›Grüne Hufeisen‹ (▶ S. 56) herum angelegt wurden.

Theaterlegenden

Das auf Opernhäuser spezialisierte Wiener Architekturbüro Fellner & Helmer hat das Nationaltheater weitgehend baugleich mit dem 1891 erbauten Opernhaus Zürich und dem 1892 errichteten Hoftheater in Wiesbaden bauen lassen. Obwohl das Zagreber Haus niemals erweitert wurde und mit einer Kapazität von 715 Plätzen ungefähr 300 Plätze weniger zählt als seine beiden Vorbilder, hat es doch einige Berühmtheiten hier spielen sehen: die Komponisten Franz Liszt, Franz Lehár und Richard Strauss, Theaterlegende Sarah Bernhard, die Hollywoodschauspieler Vivien Leigh und Laurence Olivier und Startenor José Carreras, sie alle kamen nach Zagreb. Kaiser Franz Joseph I übrigens auch, um das Theater 1895 einzuweihen.

Draußen vor dem Gebäude geht es weiter mit berühmten Namen: So hat Ivan Meštrović (▶ S. 81) 1906 den **»Brunnen des Lebens«** 2 (Zdenac života) erschaffen, der den Eingang des Nationaltheaters ziert. Gegenüber, am Haupteingang der **Juristischen Fakultät** 3, befindet sich seine berühmte Frauenstatue **»Die Geschichte der Kroaten«** (Povjest Hrvata), die zum 300. Jahrestag der Universitätsgründung 1970 aufgestellt wurde.

Wer heute Karten für Opernvorführungen im Kroatischen Nationaltheater (HNK – Hrvatsko narodno kažaliste) ergattern möchte, muss früh planen und Glück haben: Populäre Stücke wie der Nussknacker zur Weihnachtszeit sind meist schon am ersten Vorverkaufstag ausverkauft (www.hnk.hr).

Kunst und Wissenschaft

Neben der Juristischen Fakultät sind auch andere Bildungseinrichtungen rund um den Platz der

INFOS/ÖFFNUNGSZEITEN

Das **Mimara-Museum** 6 am Rooseveltov trg 5 ist zurzeit (Stand: Januar 2023) leider renovierungsbedingt geschlossen, bietet aber einen virtuellen Gang durch das Museum an: www.mimara.vodic.hr/. Auch das **Kunstgewerbemuseum** 5 wird saniert – einen kleinen Einblick in die umfangreiche Sammlung bietet die Website (wenn auch hauptsächlich nur auf Kroatisch): www.muo.hr/zbirke-collections.

Ethnografisches Museum 7: Trg Mažuranića 14, T 385 14 82 62 20, https://emz.hr/, Di–Sa 10–18, So 10–13 Uhr

ZURÜCK IN DIE ZWANZIGER

Schick und im modernisierten 1920er-Stil kommt das **Kavkaz** 1 am Theater (Kavkaz kazališna kavana) daher. Vom Brunch am Morgen bis zum Longdrink am Abend ist die Speisekarte modern, mit Chia-Pudding und Avocado-Toast, aber auch klassisch mit Croissant und deftigen Fleischgerichten zum Mittagessen (Trg Repubike Hrvatske 1, T 385 16 15 48 68, www.kavkaz.hr, tgl. 8–23 Uhr, €€).

Cityplan B/C 5/6 | **Tram** 1, 11, 12, 13, 14, 17: Trg Rep. Hrvatske

Republik Kroatien angesiedelt. Am auffälligsten sticht dabei die im Jahr 2014 völlig umgebaute **Musikakademie** 4 mit ihrem strahlend weißen Glaskubus und ihrem regenbogenfarbenen Aufbau hervor.

Neben der Musikakademie befindet sich das farblich wiederum mit dem Nationaltheater abgestimmte **Museum für Kunsthandwerk** 5 (Muzej za umjetnost i obrt). Dessen imposante Fassade bietet einen kleinen Einblick in den reichhaltigen Mix, den die Sammlung im Innenraum zeigt. Dort stößt man auf Barockmöbel, Jugendstilkunst, Elfenbeinschnitzereien, in der Weihnachtszeit widmet man eine Ausstellung auch gerne den verschiedenen Nussknacker-Kostümen.

Der klassizistische Bau aus dem Jahr 1880 ist ein weiteres Werk des umtriebigen Zagreber Architekten Hermann Bollé. Übrigens war das Museum eines der ersten seiner Art in Europa. Ganz neu war nämlich die Idee, Objekte des täglichen Bedarfs auszustellen – ein bis dahin ganz ungewöhnliches Museumskonzept.

Ethnologisch, aber auch ethisch?

Umtriebig wie Bollé war auch der studierte Künstler und Restaurator Ante Topić Mimara. Von seinen Reisen und über zahlreiche Bekanntschaften schaffte er Kunstwerke aus aller Welt an, darunter ägyptische Kunst und orthodoxe Ikonen, aber auch Werke von Bosch, Caravaggio, Cranach, Monet, Rubens und Vélazquez.

Ausgestellt sind diese Kunstwerke im **Mimara-Museum** 6. Das schlossartige Anwesen wurde von den Leipziger Architekten Ludwig und Hülssner 1890 erbaut. Zunächst diente es als Gymnasium, bevor es 1987, im Todesjahr Mimaras, als Museum wiedereröffnet wurde. Ob alle der über 3750 Exponate auch wirklich echt sind und auf rechtem Wege hierher gelangt sind, ist allerdings umstritten. Manche behaupten, Mimara habe viele der Kunstwerke nach dem Zweiten Weltkrieg abgezweigt, als er in München im Central Collection Point (der von der US-Militärregierung eingerichteten Sammelstelle für aufgefundene Kunstwerke) arbeitete, unter dem Vorwand, es handle sich um aus Jugoslawien stammende Beutekunst. Wieder andere behaupten, Mimara hieß gar nicht Mimara, sondern Mirko Maratović (MIrko MARA-tović). Er habe die Identität des wahren Mimara angenommen, nachdem dieser in seiner Studienstadt Rom gestorben sei. Wie dem auch sei: Ein Besuch der Sammlung lohnt sich.

Der Backsteinbau direkt hinter dem Nationaltheater beherbergt die **Akademie für dramatische Künste** 8 (Akademija dramske umjetnosti, kurz ADU), die seit 1950 jungen und angehenden Schauspieltalenten eine Bühne bietet. Rund 350 Studierende werden hier zeitgleich ausgebildet. Die Prüfungen, die oft in Form von Theaterstücken stattfinden, sind auch öffentlich zugänglich.

UM DIE ECKE

Zu Unrecht links liegen gelassen wird oft das **Ethnografische Museum** 7 (Etnografski Muzej). Das Gebäude aus der Wiener Sezession hat eine auffällige Kuppel und bietet interessante Einblicke in kroatische Sitten und Gebräuche, enthält aber auch Sammlungen aus anderen Kulturen: Musikinstrumente aus dem Kongo, Samurai-Waffen aus Japan, Festkleider aus China, australische Zeichnungen auf Holzrinde, Kopfbekleidungen amerikanischer Ureinwohner, Federschmuck aus Brasilien. Der Bau stammt von 1903 und wurde erst kürzlich aufwendig renoviert. Zurückzuführen ist er auf den Architekten und Schüler Otto Wagners, Alojz Vjekoslav Bastl, der auch das Kallina-Haus erbaute.

Kitsch, Kult und Illusionen – **am Britanac**

Einen Hauch von Prenzlauer Berg, kurz bevor er hip wurde, versprüht dieses Viertel. Es beginnt einige Straßen hinter dem Nationaltheater. Nach den Botschaftsgebäuden scheinen die Hausfassaden grauer zu werden, doch dazwischen blitzen originelle Boutiquen und coole Cafés hervor, die dem Viertel Berliner Flair verleihen.

Kreativ und ein wenig verratzt kommt das Viertel um den Britanski trg (Britanac) daher. Gleich mehrere Theater und Kinos sind hier angesiedelt: das **Theater Gavella** 1 in der Frankopanska und das satirische **Kerempuh** 2 (erinnern Sie sich an den Eulenspiegel auf dem Dolac ▸ S. 27?), das **Histrion** 3, in dem kürzlich die En-

Sonntags wird der Britanac zum beliebten Floh- und Antiquitätenmarkt.

Schauspielerinnen vom Tuškanac bewerben eine Abendvorstellung.

kelin Titos Regie geführt hat, und für die jüngsten Theaterliebhaber das Kindertheater **Smješko** 4 (Smiley) und **Teatar Tirena** 5. Die **Kinoteka** 6 bietet Programmkino, Kurzfilme und internationale Produktionen jenseits der Blockbuster (so hat zum Beispiel eine koreanische Woche hier stattgefunden). Das kunstvollste Kino von allen ist in der Nachbarschaft zum Britanac im **Tuškanac** 7 untergebracht. Es ist auch das Kino, das im Sommer Open-Air Veranstaltungen in der Oberstadt organisiert. Gehen Sie ruhig hin – Filme werden in Kroatien nicht synchronisiert, sondern untertitelt.

Neben Theatern und Kinos beheimatet das Viertel auch Museen – teils alternative, teils kommerzielle, wie das 2015 eröffnete **Museum der Illusionen** 1 (Muzej iluzija), das seither ein Publikumsmagnet ist, oder das **Schokoladenmuseum** 2 (Muzej čokolade), bei dem eine Pralinenschachtel die Eintrittskarte ersetzt. Eine alternative Brauerei, die **Pivovara Medvedgrad** 1, ist ebenfalls im Britanac angesiedelt, und, neben einigen netten Kneipen, auch das älteste vegane Restaurant des Landes, **Zrno** 2.

Vom Ilica-Platz zum Britanac

Der zentrale Platz des Viertels, der Britanac, wird als eine Art Verlängerung der Ilica angesehen. Vor 1946 hieß der Platz daher auch Ilički trg (Ilica-Platz). Die Zagreber nennen ihn liebevoll ›mali plac‹ (kleiner Markt), weil auf ihm wie auf seinem großen Bruder, dem Dolac (▶ S. 24), täglich Obst, Gemüse und Blumen unter den charakteristischen roten Sonnenschirmen verkauft werden.

Während das Viertel unterhalb des Britanac alternativ ist, ist das Viertel darüber eines der reichsten von Zagreb. Vom Britanac geht nämlich auch der **Pantovčak** ab, die Straße, in deren oberen Hälfte der Staatspräsident (von 2015 bis 2020 die Staatspräsidentin) residiert. Wer von ›Pantovčak‹ spricht, meint daher oft den Präsidentenpalast. Und wo ein Präsident ist, sind Botschafter natürlich nicht weit: Fünf Botschaften sind entlang der Straße angesiedelt. Besichtigen kann man die Anwesen natürlich nicht.

Cityplan Karte 3, B/C 4/5 | Tram 1, 6, 11: Britanski trg

INFOS/ÖFFNUNGSZEITEN

Britanac-Markt 1: allgemeiner Markt Mo–Sa 6.30–14 Uhr, Flohmarkt So 6.30–14.30 Uhr

Museum der Illusionen 1: Ilica 72, T 385 17 99 96 09, https://muzejiluzija.com/naslovna, tgl. 9–22 Uhr

Schokoladenmuseum 2: Varšavska 5, T 385 12 09 29 66, https://muzejcokolade.hr, Di–Sa 10–20, So 10–19 Uhr

BIER UND KORN

Seit zwei Jahrzehnten schon braut die Mikrobrauerei **Pivovara Medvedgrad** 1 lokales Bier mit besonderem Design und Namen, u.a. die legendäre *Grička vještica* (Die Hexe vom Grič). Die Brauerei hat einen gemütlichen Biergarten, eine mittelalterlich anmutende Stube und bietet bodenständige kroatische und internationale Küche (Ilica 49, T 385 14 84 69 22, http://pivovara-medvedgrad.hr, €). Eindrucksvoll schlängelt sich der Baumstamm durch das Gemäuer des **Zrno** 2. Das ›kleine Korn‹ – so die Übersetzung – ist eine fest verwurzelte Institution für fleischloses Essen in Zagreb. Nicht nur Veganer kommen hierher, sondern längst auch Geschäftsleute, die klassische Gerichte einmal anders interpretiert probieren möchten (Medulićeva 20, T 385 14 84 75 40, www.zrnobiobistro.hr, Mo–Sa 12–21.30 Uhr, Küche schließt um 21 Uhr, €€).

Berühmt ist der Britanac aber vor allen Dingen für seinen **Flohmarkt** 1, der sonntags stattfindet. Viel Kitsch, alte Schallplatten und Bücher, aber auch die eine und andere wertvolle Antiquität kann man hier günstig ergattern.

Der Platz wurde 2017 renoviert und erhielt auf der für Autos zugänglichen Seite einen Kreisverkehr, in dessen Zentrum ein von Grünfläche umgebener Brunnen angelegt wurde. Die Umbauarbeiten blieben nicht ohne Polemik: Viele alte Zagreber beschwerten sich, die Renovierung und die seitdem an den Rändern des Platzes angesiedelten Cafés hätten die Seele des Britanac verändert. Ein Kunststudent protestierte auf seine Weise und zog nach ›Manneken Pis‹-Art seine Hose am neugebauten Brunnen herunter. Und bei all der Kritik musste man bei der Renovierung dann auch noch feststellen, dass die Rasenfläche um Brunnen und Kreisverkehr zwar schön aussah, aber vorbeifahrenden Bussen nicht genug Platz ließ. Korrekturen mussten vorgenommen werden, bis alle endlich zufrieden waren.

Nicht Hackfleisch, sondern Sojageschnetzeltes wird bei Zrno in die Sarma gewickelt.

Eine Kirche, ihre Kuppel und Krippe

Bemerkenswert ist die **Kirche des hl. Blasius** 3 (Sveti blaž). Der fast an eine Moschee erinnernde Rundbau ist eine architektonische Besonderheit, wurde doch die Kuppel als erste ihrer Art aus Stahlbeton gefertigt. Ihr Architekt, Viktor Kovačić, wird oft als der Vater der modernen kroatischen Architektur bezeichnet – inspiriert von einem Aufenthalt in Ravenna hat er die Kirche mit ihrer Kuppel zwischen 1912 und 1915 entworfen. Unter seinen Werken ist auch das Gebäude der alten Börse (heute Sitz der kroatischen Nationalbank ▶ S. 66). Sollten Sie in der Weihnachtszeit hier sein, besichtigen Sie auf jeden Fall die Krippe: Sie wurde 1916 erbaut, hat einen Umfang von 3,5 m^2 und zeigt 150 Figuren. Einige sind in kroatischer Nationaltracht, weshalb die Krippe auch als erste kroatische Krippe gilt.

UM DIE ECKE

Über den Dr.-Franjo-Tuđman-Park, benannt nach dem ersten Staatsoberhaupt der 1990 gegründeten Republik Kroatien, und über den Trg Francuske Republike gelangt man zum **Westbahnhof** 4 (Zapadni kolodvor). Der 1862 eröffnete Bahnhof war bis zum Bau des jetzigen Hauptbahnhofs 1982 der wichtigste Bahnhof der Stadt. Ursprünglich hieß er **Agram Südbahnhof,** nach dem österreichischen Namen für Zagreb. Seinen jetzigen Namen trägt der Bahnhof seit 1943, auch der Tatsache Rechnung tragend, dass er durch die Erweiterung Zagrebs jenseits der Sava nun nicht mehr im Süden, sondern im Westen der Stadt angesiedelt ist. Das Gebäude ist seit 1986 denkmalgeschützt und wurde 2007 renoviert.

Studenten, Sport und Spiele – **entlang der Savska**

Als 1987 die damals noch als ›Universiade‹ bezeichneten Welthochschulspiele der Studierenden nach Zagreb kam, machte sich die Stadt schön. Fassaden wurden renoviert, Hochhäuser wurden gebaut, Hotels hergerichtet. Das Studentenleben bekam einen Boost, besonders um das Studentenzentrum herum. Heute ist das »SC« auch ein Hotspot der Street-Art.

Seit über 350 Jahren ist Zagreb Hochschulstadt. Ursprünglich besaß sie eine jesuitische Akademie, die 1669 von Kaiser Leopold I. gegründet wurde. Nach der Auflösung des Jesuitenordens 1773 von Kaiserin Maria Theresia wandelte man sie zur Königlichen Akademie der Wissenschaften um.

Unheimlich echt wirkende Street-Art umrahmt den französischen Pavillon.

Der 1993 verunglückte kroatische NBA-Star Dražen Petrović ist unvergessen. Neben dem Turm seines einstigen Basketballclubs Cibona ist nun ein Museum, das seine sportlichen Leistungen würdigt.

Heute ist sie nicht nur die älteste, sondern mit 70 000 Studenten auch die größte Hochschuleinrichtung des Landes. Zur Universität wurde sie offiziell 1874, per Dekret von Kaiser Franz Joseph I. Um das Nationaltheater (▶ S. 44) herum sind das älteste Hochschulgebäude, die Juristische Fakultät, sowie einige der jüngeren Fakultäten angesiedelt. Zu letzteren zählen die Akademie für Schauspielkünste, die Akademie für bildende Künste und die Musikakademie. Ein Großteil des Studentenlebens spielt sich auch jenseits des Stadtzentrums ab: nach dem Westin-Hotel, das einst als Hotel Interkontinental erstes Hotel der Stadt war. Das autonome Kulturzentrum **Medika** 1 mit seinem kleinen Graffiti-Park hinter dem Hotel ist ein Vorbote davon.

Studentenkultur und Street-Art

Kulturelles Herzstück ist das **Studentski centar** 1, kurz SC, in der Savska. Auch wenn der Komplex von außen etwas heruntergekommen scheint: Die hier laufenden Kino- und Theatervorführungen sind auch bei nicht Studierenden sehr beliebt. Die Street-Art-Szene ist hier besonders ausgeprägt.

Sehenswert ist der etwas versteckt im hinteren Teil des Studentski centar liegende **französische Pavillon** 2. In dem weißen Rundbau ist das Theater &TD (i tako dalje = und so weiter) untergebracht. Das Gebäude wurde 1937 im Rahmen der Zagreber Messe von den französischen Architekten Robert Camelot, Jacques & Paul Herbé und dem Bauingenieur Bernarda Lafaille erbaut. Es stellte seinerzeit eine ganz einzigartige technische Innovation dar: Zum ersten Mal wurde nämlich eine dünnwandige Glaskörperstruktur für eine tragende Struktur in einem Hochhaus verwendet.

INFOS/ÖFFNUNGSZEITEN

Studentski centar (SC) und Kino 1: Savska cesta 25, T 385 14 59 35 55, www.sczg.unizg.hr/kultura

Cibona-Tower mit Petrović-Museum und Basketball-Halle 4: Savska 30, T 385 14 84 33 33, www.mmcdrazenpetrovic.hr, Mo–Fr 10–17, Sa 10–14 Uhr

Medika 1: Pierottijeva 11, https://attack.hr

Dom sportova 2: Trg Krešimira Ćosića 11, www.sportskiobjekti.hr/, Mo–Di 8–16, Mi–Fr 8–19 Uhr

KULINARISCHES FÜR ZWISCHENDURCH

Eine »Food revolution« verspricht **Fidel Gastro – Jazz & Fine Dining 1**. Auf der Speisekarte stehen fein präsentierte Fleischgerichte, japanischer Thunfisch Blue Tataki und Gyoza-Ravioli, aber auch vegetarische Gerichte wie ein Vege-Wok und eine Komposition aus marinierter Roter Bete, Wasabi-Schaum und Ziegenkäse (Magazinska 21, https://fidelgastro.hr/, Mo–Do 9–24, Fr, Sa 9–2 Uhr, €€).

Cityplan Karte 3, B/C 5–7 | **Tram** 12, 13, 14, 17: Studentski centar

Museen für Erfinder & Basketballstars

Erfinderisches findet sich auch gegenüber dem Studentski centar im **Technischen Museum 3**, das seit 2015 dem berühmtesten Tüftler des Landes, Nikola Tesla, gewidmet ist. Neben einem Nachbau von Teslas Studierzimmer kann man in dem 1963 eröffneten Museum auch einige von Teslas Experimenten selbst testen. Darüber hinaus kann man in ein Bergwerk unter Tage hinabsteigen und im Planetarium Sterne beobachten.

Wer sich eher für Sport und insbesondere für Basketball interessiert, wird am **Cibona-Tower 4** nicht vorbeikommen. Alles hier erinnert an den 1993 bei einem Autounfall in Deutschland ums Leben gekommenen Basketballspieler Dražen Petrović, der zunächst mit seinem Club Cibona und später als erster kroatischer Spieler in der NBA zur Legende wurde. Eine Statue Petrovićs begrüßt auf dem Treppenabsatz, im Inneren führt die Stimme von Petrovićs Neffen durch die Ausstellungsräume. Ein Besuch wirkt wie eine Reise zurück in die 80er, als Cibona mit Petrović in seinem Kader 14 große Trophäen gewann, bevor es mit dem Club – auch bedingt durch den Ausbruch des Balkankrieges und die Auswanderung seiner Spieler – bergab ging.

Olympia für Studenten

Die zum Cibona-Komplex gehörende Arena wurde 1987 für die Universiade (heute: World University Games) gebaut, eine internationale Sportveranstaltung vergleichbar mit den olympischen Spielen, aber auf Hochschulniveau. Daher auch der ehemalige Name, eine Kombination aus ›Universität‹ und ›Olympiade‹. Das Maskottchen der Spiele in Zagreb war ›Zagi‹, ein Eichhörnchen, dessen Schwanz in den olympischen Farben gefärbt war. Man findet es heute noch in den meisten Souvenirshops. Für die Spiele kamen Athleten und Teams aus 122 Ländern zusammen, und anlässlich dieses Events wurden viele Gebäude der Stadt renoviert, der jetzige Jelačić-Platz (▶ S. 20) wurde Teil der Fußgängerzone.

Legendär, doch leider inzwischen etwas von der internationalen Bühne abgerutscht, ist der Eishockeyverein Medveščak, der neben der neueren Arena Zagreb (▶ S. 109) im 1972 erbauten **Dom sportova** 2 seine Spiele austrägt. 2007 und 2013 fanden sogar die Eishockeyweltmeisterschaften in der etwas in die Jahre gekommenen Halle statt. Mit 32 000 m² umfasst diese acht verschiedene Unterhallen und wird nach wie vor für Sportveranstaltungen, Konzerte und andere Großveranstaltungen genutzt.

An der Save hat sich in den letzten Jahren ein reges Nachtleben (▶ S. 104) entwickelt. **Hendrick's garden** 3 und die **Vintage Industrial Bar** 4 mit ihren Gartenterrassen sind Dauereinrichtungen für Drinks und gute Musik, ebenso der legendäre und bei Studenten besonders beliebte Klub **Močvara** 5. Die Nachtlinien der Straßenbahn 31 und 32 bringen Sie wieder zurück in die Stadt.

UM DIE ECKE

Wenn Sie am Studentski centar in eine der Straßenbahnen der Linie 4 oder 14 Richtung Savski Most steigen (s. auch »Zagrebs sozialistische Vergangenheit« S. 82), kommen Sie an das Gewässer, dem die Savska ihren Namen zu verdanken hat: die **Save** (kroatisch: Sava). Der längste Fluss Kroatiens und Sloweniens entspringt am slowenischen Berg Triglav und mündet nach 940 Kilometern bei Belgrad in die Donau. Nach Slowenien ist es von hier ein Katzensprung – oder, in Luftlinien gesprochen, zehn Kilometer. In 30 Minuten können Sie die Grenze mit dem Auto erreichen und mit einem Ausflug nach **Samobor** (▶ S. 85) verbinden.

Durch Parks, Gärten und Museen – **das ›Grüne Hufeisen‹**

Die grüne Lunge heißt in Zagreb ›Grünes Hufeisen‹: U-förmig geht es von einem begrünten Platz zum nächsten, vom Theater über den Botanischen Garten hin zum schicken Esplanade-Hotel, wo schon die Passagiere des Orient-Expresses übernachteten.

Fügt sich gut ins Grüne ein: der Ausstellungspavillon im Botanischen Garten.

Städte zu begrünen ist in. Der kroatische Stadtplaner **Milan Lenuci** erkannte das schon Ende des 19. Jahrhunderts und legte eine Grünanlage an, die als ›Grünes Hufeisen‹ (Zelena potkova) oder ›Lenuci-Hufeisen‹ bekannt ist. Das Erbe des Stadtforschers zieht sich vom Nationaltheater bis zum Zrinjevac (▶ S. 60). Insgesamt 12 540 m² umfasst der Grünstreifen, der die Form eines Hufeisens bildet und sieben begrünte Plätze miteinander verbindet.

Fangen wir zunächst hinter dem Nationaltheater (▶ S. 44) und der Akademie für dramatische Künste an (▶ S. 47). Der hier angelegte kleine **Park Mažuranac** 1 ist benannt nach den Brüdern Antun, Ivan und Matija Mažuranić, drei wichtigen Vertretern der kroatischen Nationalbewegung im 19. Jahrhundert. Wobei Ivan ein wenig wichtiger war als seine Brüder: Der Dichter, Linguist und Politiker gab 1842 ein deutsch-kroatisches Wörterbuch heraus, wurde 1872 zum Parlamentspräsidenten und 1873 zum Ban gewählt. Mit seinem Namen verbinden viele auch seine Enkelin Ivana Brlić-Mažuranić, Autorin bekannter kroatischer Märchen und einzige kroatische Schriftstellerin, die zweimal für den Literaturnobelpreis vorgeschlagen wurde.

An allen vier Ecken des Dachs des kroatischen Staatsarchivs stützen vier Eulen einen Globus. Ursprünglich Sitz der Universitätsbibliothek und Symbol für das Zentrum des Wissens, ist der von Rudolf Lubinski entworfene Bau aus dem Jahr 1913 ein Meisterwerk der kroatischen Sezession, einer nüchternen Form des Jugendstils.

Der Dante Kroatiens

Ein weiterer Platz und Dichter finden sich direkt gegenüber, vor dem kroatischen **Staatsarchiv** 2. Der hier von **Ivan Meštrović** (▶ S. 81) in Stein gehauene **Marko Marulić** hat nicht nur Petrarca und Dante ins Kroatische übersetzt, sondern mit seiner **»Judita«** im Jahr 1501 auch das erste kroatische Epos verfasst, was ihm den Vergleich mit Dante und den Titel ›Vater der kroatischen Literatur‹ einbrachte.

Das Denkmal wird umrahmt vom eindrucksvollen Bau des Kroatischen Staatsarchivs, einem Werk des Zagreber Architekten Rudolf Lubinski. Dieser hat ansonsten hauptsächlich in Baden gewirkt und war unter anderem auch an der Gestaltung der Heidelberger Universitätsbibliothek beteiligt.

Falls möglich, werfen Sie einen Blick in das Hauptgebäude des Staatsarchivs hinein. Besonders imposant ist der große **Lesesaal** mit seinen schweren Kronleuchtern an den Decken, seinen kleinen Jugendstillampen an jedem Tisch und dem Wandgemälde **»Entwicklung der kroatischen Kultur«** von Vlaho Bukovac, das als Inspiration für alle hier Forschenden dient. Zu den umfassenden Beständen des Archivs gehören unter anderem beeindruckende 1 750 000 Fotografien und nicht weniger als 10 Millionen Mikrofilmaufnahmen.

Wenn im Frühjahr die Kirschblüte einsetzt, ist das Denkmal des ersten kroatischen Königs Tomislav am malerischsten. Doch auch zu jeder anderen Jahreszeit ist der Blick vom Hauptbahnhof an der Statue vorbei Richtung Kunstpavillon einer der schönsten der Stadt.

Japanische Brücke, russische Datscha

Hinter dem Staatsarchiv liegt der **Botanische Garten** 3 der Universität Zagreb, der sich mit seinen 50 000 m² bis zum Hotel Esplanade erstreckt. Fast japanisch wirkt der 1889 von Antun Heinz angelegte Garten an der roten Holzbrücke, unter der sich Schildkröten tummeln. An eine russische Datscha erinnert der kürzlich renovierte Ausstellungspavillon, der ebenfalls rot ist und aus dem Jahr 1891 stammt.

Ein Hauch von Orient-Express

Am besten verlassen Sie den Botanischen Garten über den Haupteingang an der Ulica Antuna Mihanovića. Hier sind Sie in unmittelbarer Nachbarschaft des **Hotels Esplanade** 4, das rechterhand des Gartens liegt und 1925 eröffnet wurde, um den Reisenden des Simplon-Orient-Expresses eine angemessene Bleibe zu bieten. Ob mit dem Zug oder auf anderen Wegen, illustre Gäste kamen tatsächlich: Königin Elisabeth II., Josephine Baker, Alfred Hitchcock, Tina Turner, Woody Allen, Orson Welles, ... Staatschefinnen und Stars stiegen in dem Art-déco-Hotel ab und trugen zu dessen Ruhm bei. Während ganzjährig die Hotelbar oder das edle Restaurant Zinfandel's zum Verweilen einladen, lockt im Sommer die Terrasse, die sich teilweise auch auf den Bahnhofsvorplatz erstreckt.

Kaiser Franz Joseph kam zu Besuch

Schauen Sie sich die Fassade des **Hauptbahnhofs** 5 ein wenig genauer an: An einen griechischen Tempel erinnert das Portal, aus dem Giebelrelief grüßt Merkur, der Gott der Handelnden und Reisenden. Der 1892 fertiggestellte neoklassizistische Bau wurde von Ferenc Pfaff, dem Meister der habsburgischen Hauptbahnhöfe, entworfen. Nicht weniger als 38 Bahnhofsbauten tragen seinen Stempel, der Zagreber Bahnhof ist dabei einer der größten. Während der Glanz alter Zeiten im Inneren etwas verloren ging, sind die Entdeckungen außen umso schöner. Vor dem Bahnhof steht ein **Reiterdenkmal** 6 von 1895, das zu Ehren eines Besuchs von Kaiser Franz Joseph I. errichtet wurde. Es zeigt den ersten kroatischen König Tomislav, der von 925 bis 928 regierte. Von der Statue aus bietet sich eine der besten

Aussichten auf Zagreb: vom Denkmal über den Kunstpavillon und die Kathedrale bis hin zum Medvednica-Gebirge (▶ S. 84) im Hintergrund.

Fehlt jetzt nicht noch was? Richtig, die Ostseite des Grünen Hufeisens. Deren Beschreibung finden Sie im nächsten Kapitel.

INFOS/ÖFFNUNGSZEITEN

Kroatisches Staatsarchiv (Hrvatski državni arhiv) 2: Trg Marka Marulića 21, T 385 114 80 19 99, www.arhiv.hr, Mo–Mi 8.15–15.45, Do 8.15–17.45 Uhr

Botanischer Garten 3: Trg Marka Marulića 9A, Haupteingang Ul. Antuna Mihanovića, auf der Höhe der Gundulićeva, http://botanickivrt.biol.pmf.hr, Mo, Di 9–14.30, Mi–So 9–18 Uhr, Eintritt 1,50 € (Mo, Di freier Eintritt)

BESONDERE KAFFEE-LOCATION

Im Schatten des Staatsarchivs ist der **Botaničar** 1 (Botaniker) eine der beliebtesten Adressen entlang des Grünen Hufeisens. Im Sommer lockt die Terrasse, im Winter und abends das gemütliche Interieur mit viel Grün sowie 50er-Jahre Cocktailsesseln und Sofas. Eine optimale Einkehr für einen Kaffee oder Gin am Abend. Manchmal gibt es hier auch Lesungen und Ausstellungen (Trg Marka Marulica 6, T 385 98 65 00 71, IG: @bar_botanicar, 0–24 Uhr, €). Es muss nicht unbedingt das Zinfandel's sein – das nach dem kalifornischen Wein benannte Restaurant im Esplanade-Hotel, dessen Rebsorte genetisch mit dem kroatischen *Crljenak Kaštelanski* identisch sein soll, zählt zu den feinsten und teuersten Restaurants der Stadt. Aber einen Kaffee oder Apéro bei **Le Bistro Esplanade** (▶ S. 91) sollten Sie sich schon allein wegen des schönen Ambientes gönnen.

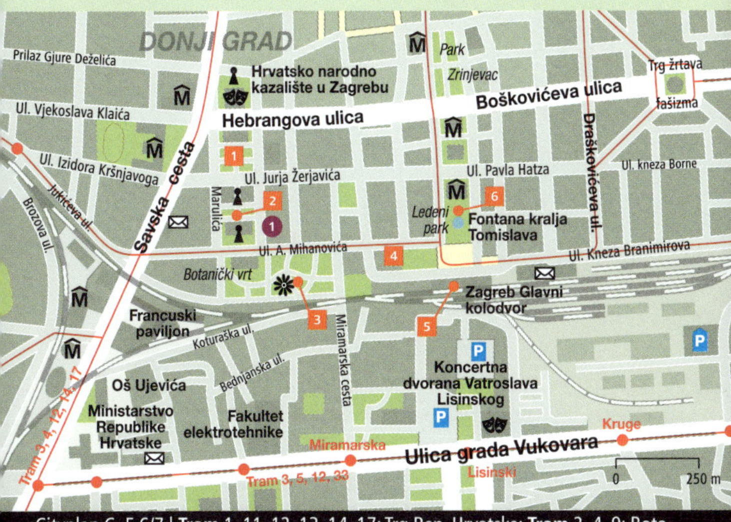

Cityplan C–E 6/7 | **Tram** 1, 11, 12, 13, 14, 17: Trg Rep. Hrvatske; **Tram** 2, 4, 9: Botanički vrt

Musik liegt in der Luft – der Zrinjevac

Im Advent ist es hier, am östlichen Ende des Grünen Hufeisens, am schönsten. Denn dann siedeln sich kleine weiße Häuschen rund um den Musikpavillon an, und in der Luft hängt ein Hauch von Glühwein. Aber auch zu anderen Jahreszeiten ist der Zrinjevac ein beliebter und malerischer Ort zum Entspannen.

Zu Beginn des 19. Jahrhunderts gab es an der Stelle des heutigen **Zrinjevac-Parks** 1 eine einfache Weide, die später als Ackerland für die Bauern aus den benachbarten Šestine diente und 1830 umgegraben wurde, um Platz für eine Viehmesse zu machen. Die Viehmesse ist mittlerweile verschwunden, der Park urban, und seit 1866 trägt er den Namen von Nikola Subić Zrinski (1508–1566), Feldherr und Ban unter Kaiser Fer-

Auf dem Sommerfestival im Zrinjevac-Park lässt sich gut die Zeit vertreiben.

dinand I. und Held der Belagerung von Szigetvár durch die Türken.

Eine Uhr für das Klima

1872 wurde eine Kastanienallee angelegt, mit Bäumen, die allesamt aus dem damals zum Habsburgerreich gehörenden und heute italienischen Triest importiert wurden. In die Mitte der Allee wurde 1891 ein gusseiserner **Musikpavillon** gesetzt. Ein Geschenk des Großhändlers Eduard Priester, der es seinem Freund Dr. Adolf Holzer gleichtun wollte, welcher 1884 die **Meteorologische Säule** 2 für den Zrinjevac gestiftet hatte. Die aus istrischem Marmor gefertigte Säule mit ihren aus Göttingen importierten, antiken Geräten misst Temperatur und Luftdruck und zeigt zudem an, wie sich das Klima seit den 1960er-Jahren verändert hat.

Sowohl für den Musikpavillon als auch die Meteorologische Säule künstlerisch verantwortlich ist Hermann Bollé, der bei vielen Kunstwerken und Denkmälern Zagrebs seine Finger im Spiel hatte (▶ S. 28, S. 68). Auch hat er den als »Pilz« (gljiva) bekannten ersten Springbrunnen Zagrebs, die beiden »Zwillinge« (Fontane blizanci) genannten Fontänen und die an den Zrinjevac anliegende **Kroatische Akademie der Wissenschaften und Künste** 3 (Hrvatska akademija znanosti i umjetnosti, kurz: HAZU) entworfen. Wobei Bollé bei diesem Gebäude nur zum Teil beteiligt war, zusammen mit seinem Lehrer, dem Wiener Architekten Friedrich von Schmidt. Die Akademie wurde 1880 im Stil der Neorenaissance fertiggestellt, fiel jedoch im selben Jahr dem großen Erdbeben zum Opfer und musste gleich wiederaufgebaut werden.

Alte Meister der Kunstgeschichte

Die Akademie ist das höchste wissenschaftliche und künstlerische Institut Kroatiens und wurde von **Bischof Josip Jurij Strossmayer** gegründet, der der Akademie einen Großteil seiner Kunstschätze vermacht hat. Hinter dem Gebäude liegt der nach Strossmayer benannte **Platz.** Dort hat Ivan Meštrović (▶ S. 81) dem Akademiegründer in Form einer Statue ein **Denkmal** gesetzt.

Das lichtdurchflutete Atrium der Akademie erinnert an römische Paläste. Besonderer Schatz

Kleine Lektion in kroatischer Geschichte gefällig? Die im Süden des Zrinjevac-Parks aufgestellten **Büsten** 4, erinnern an sechs wichtige Kroaten, die Ihnen auch in Straßennamen und an öffentlichen Gebäuden begegnen: **Juraj Julije Klović**, der Namensgeber der Klovićevi Dvori (▶ S. 38), **Ivan Mažuranić**, durch dessen Park (▶ S. 57) Sie vielleicht gelaufen sind, **Ivan Kukuljević Sakcinski**, der 1843 als erster im Parlament eine Rede auf Kroatisch hielt, der Renaissancemaler **Andrija Medulić**, der Barockpoet **Fran Krsto Frankopan** sowie **Nikola Jurišić**, Diplomat unter Ferdinand I. von Habsburg.

Der strahlend gelbe Kunstpavillon im Park Kralja Tomislava stammt von denselben Architekten, die auch das Nationaltheater (► S. 44) entworfen haben.

ist die **Tafel von Baška:** Die aus dem Jahr 1100 von der Insel Krk stammende Tafel ist das älteste Zeugnis glagolitischer Schrift – jener von Kyrill von Saloniki entwickelten ersten slawischen Schrift, aus der später das Kyrillische hervorgegangen ist. Als Andenken können Sie die Tafel en miniature in fast jedem Souvenirshop erstehen – bis zur Euro-Einführung am 1. Januar 2023 zierte sie auch den 100-Kuna-Schein. Im zweiten Stock befindet sich eine **Galerie alter Meister** (die zurzeit wegen Renovierungsarbeiten nicht zugänglich ist) mit Werken von Brueghel, Delacroix, Dürer, Poussin und anderen wichtigen Vertretern europäischer Kunst vom 15. bis zum 19. Jahrhundert.

In der (ebenfalls von Hermann Bollé entworfenen) **Bibliothek des HAZU,** die bis vor Kurzem noch als Chemielaboratorium gedient hat, ist nun ein für die kroatischen Chemie-Nobelpreisträger Lavoslav Ružička und Vladimir Prelog eingerichteter **Gedenksaal** zu besichtigen. Bemerkenswert ist auch die darin hängende Replik von Raffaels Wandgemälde »Begegnung Leos des Großen mit Attila«, das Original findet man im Vatikan.

Der Palast des **Kunstpavillons** 7 hat seine eigene, spannende Geschichte. Er ist eines der ersten komplett als Fertigbau konstruierten Bauwerke in Europa! Er wurde für die Budapester Millenniumsausstellung 1896 konzipiert, um dort kroatische Künstler ausstellen zu können, und anschließend wurde der vorgefertigte Pavillon in Zagreb wieder aufgebaut.

Kroatische Meister der Moderne

Wer sich für moderne und zeitgenössische Kunst interessiert, ist in der **Moderna Galerija** 5 gut aufgehoben. Die seit 1934 an der Ecke des Zrinjevac in einem repräsentativen Palast von Ljudevit Vranyczany untergebrachte Galerie zeigt Werke der bedeutendsten kroatischen Künstler des 19. und 20. Jahrhunderts sowie spannende Wechselausstellungen, die oft digital in Szene gesetzt werden.

Ebenfalls der Familie Vranyczany gehörte der Palast, der heute das **Archäologische Museum** 6 beherbergt. Umgeben von Botschaftsgebäuden, dem Obersten Gerichtshof, dem Amtsgericht und dem Ministerium für auswärtige Angelegenheiten und europäische Integration, könnte man den Prachtbau an der Westseite des Zrinjevac fast übersehen. Der reiche Museumsfund umfasst 400 000 Exponate, aufgeteilt in fünf Hauptsammlungen. Darunter auch die Büste der schönen Solinjanka, einer römischen Frau aus der Stadt Salona (heute Solin bei Split), die angeblich Fulvia Plautilla darstellen soll, die Frau des römischen Kaisers Caracalla.

INFOS/ÖFFNUNGSZEITEN

Bibliothek des HAZU 3: Trg Josipa Jurija Strossmayera 14, www.info.hazu.hr/knjiznica-hazu/, Mo–Fr 9–15 Uhr, Eintritt frei
Moderna Galerija (National Museum of Modern Art) 5: Andrije Hebranga 1, https://nmmu.hr/en/home-english/, Di–Fr 11–19, Sa, So 11–14 Uhr
Archäologisches Museum 6: Trg Nikole Šubića Zrinskog 19, T 385 14 87 31 00, virtuelle Besichtigung möglich unter www.amz.hr/hr/virtualni-muzej/3d-virtualna-setnja/
Kunstpavillon 7: Trg Kralja Tomislava 1, virtuelle Besichtigung möglich unter http://umjetnicki-paviljon.hr

GANZ OHNE FLEISCH

Ein Paradies für Veganer, aber auch für alle, die gesund und lecker essen wollen, ist das Restaurant **Food Garden** (1 ▸ S. 92). Hier können Sie Ihre eigenen Bowls und Wraps zusammenstellen. Auch veganes Sushi steht auf dem Programm, und zum Nachtisch gibt's Bananenbrot, Matcha-Latte oder Beeren-Smoothie. Zudem findet man ein paar Schritte weiter in der Teslina das **Good Food** 2. Mit Burgern, Wraps und Bowls wird hier gesundes Fast Food serviert (ul. Nikole Tesle 7, T 385 14 81 13 02, So–Do 10–23, Fr/Sa 10–24 Uhr, €).

Cityplan E/F 5/6 | Tram 6, 13: Zrinjevac; **Tram** 2, 4, 6, 9, 13: Glavni kolodvor

Helden der Zeit – **rund um die ›Džamija‹**

Noch immer nennen viele Zagreber das runde weiße Gebäude inmitten des Kreisverkehrs ›Džamija‹, Moschee. Tatsächlich wurde der von Meister Meštrović konzipierte Bau während des Zweiten Weltkriegs als Moschee genutzt, bevor er zum Revolutionsmuseum und nach 1990 wieder zum Haus der Kunst wurde. Heute sind Kunst und Design auch in den Straßen, die auf die ›Džamija‹ zulaufen, angesiedelt.

Von 1955 bis zum Ausbruch des Krieges 1990 diente die ›Džamija‹ als Sitz des Museums der Revolution, in dem Partisanenschlachten während des Zweiten Weltkriegs dokumentiert und verherrlicht wurden.

Anfang der 1930er-Jahre suchte die Josip-Jurij-Strossmayer-Gesellschaft nach neuen Ausstellungsräumen. Ungefähr zeitgleich sollte Ivan Meštrović, damals Präsident der Kunstgesellschaft, eine Statue für den jugoslawischen König Peter I. anfertigen. Zwei Fliegen mit einer Klappe schlagend, brachte Meštrović die Idee hervor, statt der Statue eine neue Kunstgalerie zu bauen. Der Vorschlag fand Anklang: Das Gebäude wurde nach seinen Ideenskizzen gebaut und am 1. Dezember 1938 eröffnet.

Erst Museum, dann Kurzzeit-Moschee

Der kreisrunde Bau mit seinem lichtdurchfluteten Mittelstück, dem ›Fass‹, setzte neue Maßstäbe in der Architektur. Er inspirierte sogar Frank Lloyd Wrights Entwurf des Guggenheim-Museums und erinnert mit seinem weißen Stein von der Insel Brač an eine Mischung aus antikem Tempel und moderner Moschee. Tatsächlich diente das Gebäude – wenn auch ursprünglich nicht so beabsichtigt – während des Zweiten Weltkriegs kurze Zeit als Moschee: Drei Minarette wurden 1943 hinzugefügt, bereits ein paar Jahre später wieder abgerissen, aber die Zagreber nennen die Rotunde seitdem ›Džamija‹ (Moschee).

Ihre ursprüngliche Bestimmung als Sitz der Künstlervereinigung hat die **›Džamija‹** 1 inzwischen nach bewegter Geschichte wieder zurück. Seit 1993 heißt sie offiziell **Heim kroatischer bildender Künstler** (Dom hrvatskih likovnih umjetnika – kurz HDLU) und bietet Raum für rund 40 Wechselausstellungen im Jahr.

Platz N, Platz 3 – oder wie nun?

So turbulent wie die Geschichte der ›Džamija‹ ist auch die Namensgebung des Platzes, in dessen Mittelpunkt die ›Moschee‹ steht. Bis 1927 schlicht Platz N (Trg N) genannt, in der Zeit danach als ›Trg Petra I. Osloboditelja‹ König Peter I. den Befreier huldigend, 1941 für ein Jahr als ›Platz 3‹ (Trg III) bekannt, bis 1946 dem bosnischen Ban Kulin gewidmet und, danach bis 1990, den ›Opfern des Faschismus‹.

Nach der Unabhängigkeit Kroatiens dachte man, der Name sei nicht mehr angebracht. Also taufte man den Platz erneut um, in ›Platz der kroatischen Großen‹ (Trg hrvatskih velikana). Erst nachdem die Namensgebung wiederholt zu Zusammenstößen zwischen antifaschistischen und rechtsgerichteten Demonstranten geführt hatte, erhielt er seinen vorherigen Namen zurück, daran erinnernd, dass damit den Opfern aller Formen von Faschismus gedacht wird. Wobei auf die Idee eines ›Heldenplatzes‹ nicht verzichtet

Jüngst erlebt die Gegend um die ›Džamija‹ eine Renaissance als Künstler-Viertel. Galerien sind um den Platz der Opfer des Faschismus angesiedelt, und ein Kollektiv hat 2015 offiziell das **Design Distrikt** Zagreb ins Leben gerufen. Besonders die Martićeva mit ihren Bars, kleinen Läden, zum Teil verlassenen Häusern und Hinterhöfen versprüht einen Hauch von Berlin. Zentrum des alternativen Kunstlebens ist der Buchclub **Booksa** 1, in dem regelmäßig Lesungen, internationale Autorentreffs und Veranstaltungen stattfinden. In der **Kulturfabrik** (► S. 108) finden Konzerte und Ausstellungen statt.

Der Buchklub Booksa gehört zu den wichtigsten Kulturorten im Design Distrikt und veranstaltet in den Sommermonaten Lesungen im Freien.

werden sollte: Durch den Umzug der Börse nach Novi Zagreb (► S. 75) wurde der Börsenplatz umbenannt und trägt seitdem den Namen »Heldenplatz«. Er befindet sich gleich ums Eck und beherbergt heute die **Nationalbank** 2. Sie sitzt in dem weißeren der beiden symmetrisch angelegten monumentalen Paläste, die beide 1927 erbaut wurden und zwar fast identisch aussehen, aber von verschiedenen Architekten stammen. Während die Nationalbank ein Werk des Architekten Viktor Kovačić ist, wurde das rechte der beiden Gebäude von dem ungarischstämmigen Architekten Aladar Baranyai entworfen. Es beherbergt heute das **Staatsbüro für Kroaten im Ausland.**

Putschversuch im Postamt

Die Jurišićeva ist benannt nach dem kroatischen Soldaten, Adligen und Diplomaten Nikola Jurišić aus dem 16. Jahrhundert und ist neben der Ilica (► S. 40) die zweite wichtige Achse, die zum Jelačić-Platz (► S. 20) führt. Das interessanteste Gebäude in dieser Straße ist das **Alte Postamt** 3, das zwischen 1903 und 1905 im Stil der ungarischen Sezession von Ernő Foerk and Gyula Sándy erbaute wurde. Es erinnert nicht nur an die Geschichte des Postwesens, das seit 1831 in Zagreb öffentlich organisiert ist, sondern auch an den 14. September 1941 – den Tag, an dem der kommunistische Widerständler Rade Končar einen Sabotageakt gegen das mit Nazi-Deutschland kollaborierende Regime des Unabhängigen Staates Kroatien durchführte. Die Sabotage zielte auf die im Postamt untergebrachte Telefonzen-

A ARCHITEKTUR

Auch zahlreiche andere Sezessionsbauten der Gegend wurden von Baranyai und seinem Partner Slavko Benedikt entworfen, so unter anderem das **Haus Deutsch** (Martićeva 4/ Smičiklasova 18), das **Haus der kroatischen allgemeinen Bank** (Martićeva 14, Ecke Tomašićeva) oder das **Haus der Serbischen Bank** (Jurišićeva 4, Ecke Petrinjska).

trale ab. Drei mutigen Postangestellten gelang es, während der Nachtschicht Sprengstoff in das streng bewachte Gebäude zu schmuggeln. Nachdem sie die Stadt verlassen hatten, ließ ein Mitarbeiter den Sprengstoff aus der Ferne hochgehen. Die Explosion zerschlug alle Fenster des Gebäudes, verletzte mehrere Beamten und tötete einen Polizisten. Der daraus resultierende Schaden verursachte eine Störung, die weit über Kroatien hinaus den internationalen Telefondienst beeinträchtigte.

INFOS/ÖFFNUNGSZEITEN

HDLU in der »Moschee« 1: Trg žrtava fašizma 16, T 385 14 61 18 18, www.hdlu.hr, Mi–Fr 11–19, Sa, So 10–18 Uhr
Altes Postamt 3: Jurišićeva Street 13
Booksa 1: Martićeva 14D, T 385 14 61 61 24, www.booksa.hr, Di–Fr 10–18, Sa, So 10–15 Uhr

VON EDEL BIS EINFACH

Für ein gediegenes Abendessen eignet sich das **Noel 1**, eines der besten Restaurants der Stadt (Ul. popa Dukljanina 1, T 385 14 84 42 97, http://noel.hr, Mo–Sa 18–24 Uhr, €€€). Für einen Burger auf die Hand – auch vegan – bietet sich die **Passage+ 2** an, ein kleiner Snackladen im überdachten Übergang an der Martićeva 29 (auf Facebook, Mo–Mi 10–24, Do, Fr 10–2, Sa 17–1, So 17–2 Uhr). Das **Café Program 3** wird von den gleichen Köpfen geführt, die das Design Distrikt ins Leben gerufen haben. Gemütlich und verspielt ist das Ambiente, Kaffee und Kuchen sind gut (Martićeva 14 F, T 385 989 93 82 79, IG: @program_bar).

Cityplan F–H 4/5 | **Tram** 1, 9, 13, 17: Trg žrt. fašizma

Ruhe, Ruhm und Religionsvielfalt – **auf dem Mirogoj**

Ruhestätte, Parkanlage, imposantes Gesamtkunstwerk: Der Zagreber Friedhof Mirogoj liegt zwar leicht außerhalb des Zentrums, sollte dafür aber auf keinen Fall links liegen gelassen werden. Die riesige Anlage und die Grabmäler erzählen Geschichten von unterschiedlichen Religionen, die alle hier zusammenkommen.

Die Arkaden des Mirogoj sind der Pantheon Kroatiens – und getaucht in goldenes Licht ein unfassbar schönes Fotomotiv.

Mit wildem Wein behangene Mauern, wie die einer riesigen Schlossanlage, erwarten einen, wenn man oben auf der Avenue Hermann Bollé und am Mirogoj ankommt. Er war natürlich nicht der erste Friedhof Zagrebs. Ursprünglich gab es zehn kleine Friedhöfe, die an die jeweilige Gemeindekirche angeschlossen waren. Irgendwann wurde der Platz für die stetig wachsende Stadt zu klein und es galt als inopportun, die Toten zu nah am Stadtzentrum zu begraben. Ein zentrales Gelände sollte daher geschaffen werden, und gefunden wurde es am Ausläufer des Medvednica-Gebirges (▶ S. 84), auf dem ehemaligen Grundstück des Schriftstellers, Politikers und Begründers der kroatischen Schriftsprache, Ljudevit Gaj.

Ein alter Bekannter

Die Straße zum Mirogoj trägt nicht umsonst den Namen Hermann Bollés. Wie bei so vielen Bauwerken in Zagreb war es wieder einmal der gebürtige Kölner, der den Mirogoj mit seinen in die Friedhofsmauer eingelassenen **Arkaden** konzipiert hat. Auch wenn er die Fertigstellung der zentralen, die Arkaden verbindenden **Christkönig-Kapelle** 1 nicht mehr miterleben durfte. Er starb 1926, ein Jahr vor Fertigstellung des Gotteshauses. Neben anderen großen Persönlichkeiten des kroatischen öffentlichen Lebens wurde er in besagten Arkaden begraben.

Berühmte Namen

Auch um die Arkaden herum und in den verschiedenen Alleen des Mirogoj sind berühmte Persönlichkeiten begraben, deren Namen Ihnen vielleicht beim Spaziergang durch Zagreb begegnet sind: der Komponist **Vatroslav Lisinski,** nach dem die Konzerthalle (▶ S. 75) benannt wurde, oder **Ivan Zajc,** der im jetzigen Alten Rathaus (▶ S. 34) die erste kroatische Oper uraufgeführt hat. Der Schriftsteller **Antun Gustav Matoš,** der als Statue auf der Strossmayer-Promenade (▶ S. 37) sitzt, und seine Schriftstellerkollegen **August Šenoa** (der Autor von »Zlatarevo Zlato« ▶ S. 31) sowie der in der Radićeva geborene **Miroslav Krleža** (▶ S. 27). Apropos Radićeva – auch ihr Namensgeber **Stjepan Radić** wurde hier begraben. Er war der Gründer der Kroatischen Volks- und Bauernpartei und wurde 1928 mitten in einer Parlamentssitzung in Belgrad ermordet. Auch den Politiker und Schriftsteller **Ivan Mažuranić** und seine Tochter, die für ihre Märchenerzählungen zweifache Nobelpreisanwärterin **Ivana Brlić-Mažuranić,** findet man auf dem Friedhof. Die Urne des an seinem Wohnort Zürich verstorbenen Nobelpreisträgers **Vladimir Prelog** (▶ S. 62)

Ljudevit Gaj, Slawist, Schriftsteller und Politiker, der 1872 in seiner Druckerei in der Ćirilometodska verstorben war, fand nach Abschluss der Arkaden 1886 hier seine letzte Ruhestätte. Zuvor war er in der Familiengruft beigesetzt worden, auf dem **Jurjevsko groblje** – einem der kleinen, alten Friedhöfe, den Sie auf dem Hin- oder Rückweg zum Mirogoj besichtigen können.

wurde 2001 auf den Mirogoj verlegt. Seine letzte Ruhestätte fand hier auch der Urvater des Kugelschreibers, **Eduard Slavoljub Penkala** (▶ S. 37), der 1922 im Alter von 51 Jahren unerwartet an einer Lungenentzündung verstarb. Ferner begraben sind auf dem Mirogoj der Schlagerstar **Ivo Robić,** der in den 60er-Jahren in Deutschland Erfolge feierte, und der langjährige Bundesligatrainer **Branko Zebec.**

Pilgerstätten und Kerzenmeere

Monumentales Kunstwerk und wahre Pilgerstätte ist das etwas abseits gelegene **Grabmal des Basketballstars Dražen Petrović** 2, der 1993 bei einem Autounfall in Deutschland ums Leben kam. Am monumentalsten aber ist die schwarze **Grabplatte** 3, die für den ersten Präsidenten der 1990 gegründeten Republik Kroatien, **Franjo Tuđman,** aufgestellt wurde. Direkt hinter der

INFOS/ÖFFNUNGSZEITEN

Mirogoj: Aleja Hermanna Bollea 27, T 385 14 69 67 07, tgl. 6–20 Uhr
Grabfinder: www.gradskagroblja.hr/trazilica-pokojnika/15
Jurjevsko groblje: Jurjevska, rund um die Uhr geöffnet, Bus 106, 203 und 226 bis Rockefellerova

KULINARISCHES FÜR ZWISCHENDURCH

An den Außenmauern des Mirogoj Maroni kaufen gehört dazu, gerade, wenn es draußen kalt ist. Ansonsten bietet das **Mirni Gaj** 1 (Friedlicher Hain) unterhalb des Haupteingangs ehrliche und klassische kroatische Küche (Mirogojska cesta 43, T 385 14 58 10 98, auf Facebook, tgl. 7–20 Uhr, €). Den Hügel hinunter Richtung Zentrum, erreicht man in 5 Autominuten auch das hervorragende **Bistro Apetit** 2 von Starkoch Marin Rendić. Den Geschmack seiner Küche können Sie im Glas als Ajvar, Pesto oder Demi-Glacé mit nach Hause nehmen (Jurjevska 65, T 385 14 67 73 35, www.bistroapetit.com, Di–So 12–24 Uhr, €€€).

Cityplan Karte 3, D 1/2 | **Bus** 106, 203, 226: Mirogoj

Christkönig-Kapelle gelegen, bildet die Platte eine imposante Einheit mit der Kirche. Zu jeder Jahreszeit werden hier Berge von Blumenkränzen und Kerzen aufgestellt, besonders aber zu Allerheiligen, wenn sich der gesamte Friedhof in ein riesiges Lichtermeer von Kerzen verwandelt. Mittelpunkt der Allerheiligen-Lichterkette ist das **Große Kreuz** 4, das auch ansonsten eine gute Orientierungshilfe auf dem 72,4 Hektar großen Gelände bietet.

Schauen Sie sich die Namen der hier Begrabenen an, liest es sich wie ein kleiner Kurs in Geschichte und Geografie: Neben habsburgisch klingenden, oft deutschstämmigen oder ungarischen Namen, sind italienische und andere slawische Namen zu lesen. Viele der Grabmäler sind so schön und künstlerisch gestaltet, dass sie dem Mirogoj den Beinamen ›größte Open-Air-Galerie Kroatiens‹ eingebracht haben.

Tausende von Kerzen erleuchten den Mirogoj an Allerheiligen, besonders schön zu sehen entlang der Allee am zentralen Kreuz.

Toleranz und Weltoffenheit

Doch der Mirogoj ist nicht nur eine riesige Kunstgalerie in einem wunderschönen Park, sondern auch ein Mahnmal der Toleranz und ein Beweis dafür, dass verschiedene Religionen und unterschiedliche politische Ideale sehr wohl nebeneinander bestehen können: So liegen christliche, jüdische und muslimische Familien Seite an Seite begraben, erkennbar an den verschiedenen Grabinschriften und Ausrichtungen der Grabplatten. Die zweitgrößte Kirche des Friedhofskomplexes, die neobyzantinische **Peter-und-Paul-Kapelle** 5, dient der orthodoxen Glaubensgemeinschaft und weist den Grundriss eines griechischen Kreuzes auf.

In einem 1996 neu angelegten Bereich des Friedhofs sind 2000 gefallene deutsche Soldaten beerdigt, in einem anderen wird der gefallenen Partisanen gedacht. Ein **Denkmal** 6 erinnert an die Opfer des von Partisanen 1945 begangenen Massakers von Bleiburg. Ein anderes, an Rodin erinnerndes **Denkmal** 7, würdigt die im Ersten Weltkrieg gefallenen kroatischen Soldaten. An die Opfer des jüngsten Kroatienkrieges erinnern die erdrückende **Mauer des Schmerzes** 8, auch ›Stimme der kroatischen Opfer‹ genannt, und das große Feld entlang der **Allee der Gräber** 9, die für die gefallenen Soldaten im nördlichen Teil des Friedhofs angelegt wurde.

Viel mehr als ein Zoo – **der Maksimir**

Was den Römern die Villa Borghese, ist den Zagrebern der Maksimir: eine grüne Stadtoase, in der man herrlich entspannen kann. Je nach Alter erkundet man den Park auf Segways oder reitet auf Ponys. Im Zoo, der ebenfalls im Maksimir zu finden ist, gibt es heimische Geier zu sehen, und im benachbarten Fußballstadion trainiert der Zagreber Traditionsclub Dinamo.

Wenn Zagreber Familien »Wir gehen in den Maksimir« sagen, meinen sie vor allen Dingen eins: einen Besuch im **Zoo** 1. Der 1925 gegründete Tierpark ist der älteste Kroatiens. Dass er mitten in einer riesigen Grünanlage steht, macht ihn noch attraktiver. Der Maksimir als Ganzes ist mit einer Fläche von 316 Hektar der größte Park Südeuropas und auch einer der ältesten. Der Zoo mit seinen

Ein Familienspaziergang im Maksimir geht immer.

7800 Tieren aus 350 verschiedenen Gattungen ist zwar nicht der spektakulärste der Welt, aber er wurde 2016 aufwendig renoviert und vergrößert. Außerdem gibt es dort unter anderem ein Australien-Infozentrum – ein Gehege, in dem keine Tiere ausgestellt sind, sondern über den Homo Sapiens und seine Zukunft reflektiert wird.

Eine Besonderheit des Zagreber Zoos ist das große Gänsegeiergehege. Gänsegeier sind in Kroatien heimisch, jedoch wie vielerorts in ihrer Existenz bedroht. Der Zoo leistet zusammen mit dem Gänsegeier-Zentrum auf der kroatischen Insel Cres einen wichtigen Beitrag zum Erhalt des mächtigen Vogels.

Vom Stadtrandwald zum Stadtpark

Angelegt wurde der Park 1787 im Auftrag des Zagreber Bischofs **Maksimilijan Vrhovac** und auch nach ihm benannt, als Zusammensetzung seines Vornamens und des Wortes *mir,* das ›Frieden‹ bzw. ›Ruhe‹ bedeutet. Vrhovac wollte, dass die sich im bischöflichen Besitz befindlichen weitläufigen Wälder am damaligen Stadtrand zum Park umfunktioniert und genutzt werden. Seit 1794 ist der Maksimir der erste öffentlich zugängliche Park in diesem Teil Europas.

Mitte des 19. Jahrhunderts wurde der Park durch den Wiener Architekten Franz Schücht und den Gartenarchitekten Michael Sebastian Riedl weiter ausgebaut und mit Gebäuden und Pavillons verziert. Hingucker ist der auf einer leichten Anhöhe liegende **Aussichtsturm** (Vidikovac) mit **Café** 1. Wer ein Echo erzeugen möchte, sollte den ›Laternentempel‹ besuchen. Der zwölfeckige **Jeka paviljon** 2 wurde 1840 erbaut und ist nach der Bergnymphe Echo (kroatisch: Jeka) benannt. Wer in dem Tempel steht und spricht, bekommt tatsächlich ein schönes Echo zu hören. Eine weitere Besonderheit ist das mit Schiefer verkleidete und von Eichenbalken getragene **Schweizer Haus** 3 mit reich verziertem Salon.

Bischöflicher Sommersitz

Dass der Maksimir von Bischöfen geplant wurde, spiegelt sich auch in der Architektur wider. Gleich zwei bischöfliche Sommersitze wurden am Rande des Parks erbaut, dazu Nebengebäude und eine Imkerei. Der herrschaftlichere **Neue Bischöfliche Sommersitz** 4 stammt vermutlich aus dem Jahr 1855. Genau weiß man es nicht, die Pläne sind verschollen. Gewiss aber ist, dass es von Juraj Haulik, dem ersten Zagreber Erzbischof und Kardinal, bewohnt wurde. Von 1837 bis 1869 stand der ursprünglich aus der Slowakei stammende Haulik an der Spitze des Erzbistums. Er gilt als

INFOS/ÖFFNUNGSZEITEN

Maksimir: Maksimirski perivoj, www.park-maksimir.hr, tgl. 0–24 Uhr

Zagreb Zoo 1: Fakultetsko dobro 1, T 385 12 30 21 98, https://zoo.hr, tgl. 9–19 Uhr (die Kasse hat jedoch nur bis 18 Uhr geöffnet). Auch auf Birdwatching kann man gehen, nach vorheriger Anmeldung und am besten früh morgens. Die 1,5-stündige Tour wird auch auf Englisch angeboten und ist buchbar unter: park-maksimir@park-maksimir.hr.

KULINARISCHES FÜR ZWISCHENDURCH

Vidikovac – Café im Aussichtsturm 1: Sehr beliebt ist dieses Café bei Parkbesuchern aufgrund seiner schönen Gartenterrasse (Maksimirski perivoj, T 385 993 15 20 90, IG: @vidikovaccafe, tgl. 10–22 Uhr, €).

Cityplan Karte 3, F/G 2/3 | **Tram** 4, 5, 6, 7, 8, 11, 12, 13, 14, 15: Hondlova

einer der wichtigsten Persönlichkeiten der kroatischen Kirchengeschichte, wurde doch unter seiner Zeit Zagreb unabhängig von Ungarn und zum Erzbistum und Sitz der kroatischen Kardinäle.

Heute befindet sich der Maksimir nicht mehr am Stadtrand, sondern ist umgeben von Siedlungen, die den Stadtteil Maksimir bilden. Der Bischöfliche Sommersitz dient als Pfarrbüro der Gemeinde Sankt Hieronymus.

UM DIE ECKE

Direkt gegenüber dem Maksimir liegt das **Stadion 5** des kroatischen Traditionsclubs Dinamo. Schon Jahrzehnte wird darüber debattiert, dass der 1949 gegründete Erstligaverein ein neues Stadion braucht. Ein Megaprojekt von Präsident Tuđman scheiterte, nun versuchen private Initiativen unter dem Motto »Dinamo ist Maksimir« ihrem Herzensverein das Stadion zu bauen, das dem Ruhm des Vereins entspricht. Am liebsten eine Art Allianz-Arena, aber natürlich in Blau, der Farbe des Vereins.

Jenseits von k.u.k.-Charme – **das Neue Zagreb**

Auch Plattenbauten gibt es in Zagreb – die meisten von ihnen können in Novi Zagreb, dem Neuen Zagreb, bewundert werden. Die ab dem Ende der 1950er entstandenen Hochhaussiedlungen haben eine ganz eigene Identität. Seit 2017 findet man dort auch ein Museum für zeitgenössische Kunst.

Hinter dem Hauptbahnhof, nach der Unterführung, beginnt eine neue Welt: das Zagreb jenseits von Habsburgerarchitektur und Touristenströmen. Modernere, oder besser gesagt zu Zeiten Jugoslawiens entstandene Gebäude befinden sich in diesem Teil der Stadt, so auch die **Konzerthalle Lisinski** 1. In dem 1973 entstandenen

Keine Spur von k.u.k. in Novi Zagreb: sozialistische Blockbauten links, das Museum für zeitgenössische Kunst rechts von der Avenija Dubrovnik

Glasbau fand 1990 der erste – und auch letzte – Eurovision Song Contest aus Jugoslawien statt, bevor 1991 der Krieg in Kroatien losbrach.

Universität und Europa

Aus sozialistischen Zeiten stammt auch das **Neue Rathaus** 2 direkt gegenüber der Konzerthalle. Beide Gebäude sowie die daneben liegende **Universitätsbibliothek** 3 wurden 2020, als Kroatien den EU-Ratsvorsitz innehatte, für Treffen und Veranstaltungen der europäischen Minister und Staatschefs genutzt. Die Brunnen auf der Uni-Wiese

INFOS/ÖFFNUNGSZEITEN

Lisinski 1: Trg Stjepana Radića 4, T 385 16 12 11 66, www.lisinski.hr
Museum für zeitgenössische Kunst (Muzej suvremene umjetnosti u Zagrebu oder kurz MSU) 7: Avenija Dubrovnik 17, T 385 16 05 27 00, www.msu.hr, Di–Fr 11–19, Sa, So 11–18 Uhr

KULINARISCHES FÜR ZWISCHENDURCH

Asiatische Fusionsküche vom Feinsten gibt es im **Food Division** 1 (Julija Knifera 7, T 385 924 14 42 85, https://fooddivision.hr, Mo–Sa 12–23 Uhr, €€€). Von Buddha Bowl über Tokyo-Ramen wird alles cool und perfekt präsentiert, inklusive Front Cooking. Für ökobewusste Fast-Food-Fans eignet sich **Submarine** 1 (► S. 92).

Cityplan Karte 3, C/D 5–8 | **Tram** 3, 5, 13: Lisinski; **Bus** 219, 220, 221: Muzej suv. umjetnosti bieten im Sommer Erfrischung und liefern abends, wenn sie beleuchtet werden, ein eindrucksvolles Schauspiel. Mehrere Fakultäten sind im Viertel angesiedelt: die **Philosophische Fakultät** als größter Komplex, die **Fakultäten für Ingenieurwesen und Schiffbau** und die **Pädagogische Fakultät.** Alle nicht schön, aber Zeugen sozialistischer Architektur. Das **Rechenzentrum** 4, von außen ein weißer Kubus, wird ›srce‹ (Herz) genannt.

Mega-Messe und Mammutbau

Das eigentliche Novi Zagreb beginnt jedoch jenseits der Save. Seit 1955 befindet sich das **Messegelände** 5 in Novi Zagreb. 1956 öffentlich eingeweiht von Josip Broz Tito (► S. 82), wurde das Velesajam-Gebäude in den 1960er-Jahren weiter ausgebaut und zählte zu den größten Messekomplexen der Welt, auch wenn es mittlerweile etwas verstaubt daherkommt. Acht der 40 Pavillons stehen unter Denkmalschutz, auch **Halle 40,** die heute zum Schlittschuhlaufen genutzt wird.

In Novi Zagreb entstanden Ende der 1950er-Jahre auch mehrere Wohnsiedlungen, die ihre ganz eigene Identität haben. Im Viertel Travno steht die **Mamutica** 6, das ›Mammutweibchen‹. Es ist nicht nur das größte Gebäude von Kroatien und einer der massivsten Apartmentblocks Europas, sondern auch ein sozialer Brennpunkt.

Das modernste Museum Kroatiens

Gegenüber dem Velesajam entstand 2003 das nachts bunt leuchtende **Museum für zeitgenössische Kunst** 7. Es ist das größte und modernste Museum Kroatiens. Die Institution an sich hat eine ähnliche Geschichte wie der Velesajam und wurde 1954 im Stadtzentrum gegründet. 1998 fiel der Entschluss, ein neues Museum in Novi Zagreb zu bauen. 14609,65 m² umfasst der von Igor Franić erbaute Neubau, von denen 3500 m² für ständige Ausstellungen und 1500 m² für Wechselausstellungen genutzt werden. Der Rest des Gebäudes beherbergt eine Multimedia-Halle, ein Café und Restaurant, ein Pädagogisches Zentrum und ein Besucher-Apartment. Außerdem gibt es einen Laden, in dem Kunstbände und Designklassiker aus jugoslawischen Zeiten, z. B. neu designte Borovo-Tennisschuhe, verkauft werden.

Ein Spaß mit Bauchkribbeln: die Riesenrutsche von Carsten Höller. Die Doppelrutsche (daher auch ›Double slide‹ genannt) besteht aus zwei ineinander verschlungenen Spiralen, die die Fahrgäste aus dem 3. Stock nach draußen transportieren. Ein ähnliches Modell hat Höller 2006 für die Tate Gallery entworfen.

EINTRITTSKARTEN in eine andere Welt …

Neben den bereits genannten Museen gibt es weitere spannende Häuser. Hier meine persönliche Auswahl:

UND JETZT ENTSCHEIDEN SIE!

Glyptothek
Di–Fr 11–19, Sa, So 10–14 Uhr

Die 1937 gegründete Sammlung hat 50 Jahre lang die verbotene Jelačić-Statue (► S. 21) versteckt. Heute zählt sie rund 13 000 Exponate zu ihrem Fundus und richtet die Triennale der kroatischen Bildhauerei aus.

JA NEIN

Karte 3, C/D 3, gliptoteka.hazu.hr/

Hangover-Museum (Muzej Mamurluka)
5,40 € / Mo–So 10–22 Uhr

Es scheint logisch, dass neben dem Museum für zerbrochene Beziehungen (► S. 38) ein Museum existiert, das den Folgen verkaterter Nächte gewidmet ist. Sehr kroatisch: Zum Abschluss bekommt man einen Schnaps.

JA NEIN

D 5, www.museumofhangovers.com

Kroatisches Museum für Naive Kunst
Mo–Fr 10–17 Uhr

Farbenfroh, fantasievoll und oft ländliche Szenen darstellend: ›Naive Kunst‹ ist der Oberbegriff der Kunstrichtung, die im 20. Jh. in Kroatien besonders wichtig wurde und in Zagreb ein einiges Museum hat.

JA NEIN

D 3, www.hmnu.hr

Lauba
Mo–Sa 12–21 Uhr

In einer alten Textilfabrik angesiedelt, sieht sich Lauba als ›hybrider Ort‹ zwischen Kunst und Business, mit Wechselausstellungen und Events – ein ›Haus für Menschen und Kunst‹, ein wenig abseits des Stadtzentrums.

JA NEIN

Karte 3 A 4, www.lauba.hr

Moderne Galerie
Di–Fr 11–19, Sa, So 11–14 Uhr

Ein Muss für Fans von Impressionismus, Expressionismus und moderner Kunst. Die Moderne Galerie beherbergt eine der umfangreichsten Sammlungen kroatischer Kunst des 19. und 20. Jahrhunderts.
E 5, nmmu.hr

JA NEIN

Museum der Stadt Zagreb (Muzej grada Zagreba)
Di–Sa 10–18, So 10–14 Uhr

Wollen Sie wissen, wie die Kathedrale früher ausgesehen hat? Oder in unterirdische Gänge eintauchen? Das Stadtmuseum im ehemaligen Klarissenkloster bietet eine Möglichkeit zur Zeitreise.
D 1, www.mgz.hr/en/

JA NEIN

Gedenkwohnung von Marija Jurić Zagorka
Do 11–19 Uhr (für Gruppen auch außerhalb dieser Öffnungszeiten, auf Anfrage)

Das kleine Museum am Dolac zeigt, wie die berühmte kroatische Feministin und Schriftstellerin zwischen 1930 und 1957 inmitten von Biedermeier-Möbeln und einer Remington-Schreibmaschine gelebt hat.
E 3, http://zagorka.net

JA NEIN

Pilzmuseum (Muzej gljiva)
Mi 13–19, Fr, Sa 10–15 Uhr; für Gruppen auf Nachfrage auch an anderen Tagen geöffnet

Hier kann man wirklich alles über die schwammigen Waldfrüchte erfahren und wortwörtlich auf Trüffelsuche gehen. Wussten Sie eigentlich, dass die Trüffel aus Istrien weltberühmt sind?
E 4, http://gdkb.hr

JA NEIN

Zagreb 80's Museum
tgl. 10–22 Uhr

Zwischen Commodore-Computern und Väterchen Frost – wen interessiert, wie das Leben der Kroaten in den 1980ern war, kann in diesem Etagen-Museum auf Zeitreise gehen. Auch für Kinder geeignet!
E 2, www.zagreb80.com

JA NEIN

Zagreber Museumslandschaft

Zagreb zählt zu einer der Städte mit der größten Museumsdichte pro Einwohner weltweit. 3,6 Millionen Exponate werden insgesamt ausgestellt – jedenfalls in normalen Zeiten. Leider sind durch das Erdbeben 2020 einige dieser Exponate und Museen beschädigt worden, sodass sie nun wegen Renovierung geschlossen sind. Betroffen sind insbesondere das Atelier Meštrović, das Archäologische Museum, der Kunstpavillon, das Kunstgewerbe-Museum, das Mimara-Museum und die Strossmayer-Galerie der Alten Meister. Aber es gibt noch genug Alternativen – von besonderen Museen wie dem **Museum der zerbrochenen Beziehungen** (▸ S. 38) und dem **Zagreb 80's Museum** (▸ S. 79) bis hin zu klassischen Sammlungen wie der **Modernen Galerie** (▸ S. 79). Das **Technische Museum** (▸ S. 54) trägt den Namen eines der berühmtesten Landeskinder: Nikola Tesla. Daneben gibt es über die ganze Stadt verteilt eine genauso abwechslungsreiche und interessante Anzahl an Galerien und Kunstsammlungen, die alle auf dieser Seite zusammengefasst und illustriert sind: www.infozagreb.hr/entdecke-zagreb/kultur/galerien-und-kunstsammlungen.

TIPPS FÜR DEN BESUCH

Öffnungszeiten: Sonntags ins Museum? Achtung – staatliche Museen sind normalerweise an diesem Wochentag ab 14 Uhr geschlossen. Viele Museen, besonders die etwas schrägeren, sind allerdings privat, und haben deshalb andere Öffnungszeiten. Einige Museen bieten auch virtuelle Touren an, so wie das zurzeit geschlossene Mimara: www.mimara.vodic.hr.
Zagreb Card: Städtische Museen sind in diesem Kombiticket, das auch für teilnehmende Restaurants und den Zoo gilt, enthalten – das Ticket jedoch gilt nicht für die privaten Museen. Mehr Infos dazu ▸ S. 113.
Infos zu den Museen: Einen guten Überblick über alle Museen und ihren aktuellen Stand bieten die Websites des Tourismusverbandes der Stadt Zagreb (www.infozagreb.hr/entdecke-zagreb/kultur/museen) und Visit Zagreb (www.visitzagreb.hr/category/museum/).

Kuriose Exponate zeichnen das Museum der zerbrochenen Beziehungen aus.

Meštrović – ein Bildhauer hinterlässt Spuren

Kein anderer kroatischer Künstler ist so berühmt wie Ivan Meštrović (1883–1962). Der aus der Nähe von Split stammende Kosmopolit war Student an der Wiener Kunstakademie, dann Schüler von Rodin und schließlich Professor in den USA.

Antiker Patio

Atelier Meštrović 🕮 D 2

Zwischen 1922 und 1942 wohnte und arbeitete Meštrović in der Oberstadt, in einem Bürgerhaus aus dem 18. Jahrhundert. Dessen antik anmutender Patio eignet sich perfekt für die Ausstellung von Skulpturen. Insgesamt 200 Statuen gehören zur Sammlung.

Mletacka 8, www.mestrovic.hr

Kunstgenie und Erfindergeist

Nikola Tesla 🕮 D 5

Meštrović und Tesla waren beide nicht nur geniale Köpfe, sondern auch befreundet. Sie lernten sich 1924 in New York kennen und standen in einem regen Briefwechsel. 1939 sendete Tesla seinem Freund ein Telegramm – der kroatische Staat wolle eine Statue von ihm. Der Erfinder war zu diesem Zeitpunkt zu alt zum Reisen, doch Meštrović hielt Wort und schuf eine lebensgroße Statue des denkenden Tesla. 2006 wurde sie an der Ecke zu Straße aufgestellt, die heute Teslas Namen trägt.

Masarykova ul. 2, Ecke Preradovića und Teslina

Spazierweg mit Skulpturen

Am ›Grünen Hufeisen‹ 🕮 C–E 5–7

Nicht nur Parks und wichtige Gebäude verbindet das **›Grüne Hufeisen‹** (► S. 56), sondern auch mehrere von Meštrovićs Statuen: den »Brunnen des Lebens« vor dem **Nationaltheater** (► S. 44), gleich gegenüber, an der juristischen Fakultät, die »Geschichte der Kroaten«. Etwas weiter dann die Statue des Schriftstellers Marko Marulić vor dem **Staatsarchiv** und, an der **Kroatischen Akademie der Wissenschafte und Künste,** das Denkmal zu Ehren von Bischof Strossmayer. Im Inneren der Akademie befindet sich eine von Meštrović geschaffene Büste Nikola Teslas.

Weiße Perfektion

Meštrović-Pavillon/Heim kroatischer bildender Künstler 🕮 H 5

Der aus weißem Stein von der Insel Brač gefertigte kreisrunde Pavillon ist eines der monumentalsten Werke Meštrovićs. 1933 entworfen und am 1. Dezember 1938 eröffnet, inspirierte die von Säulen getragene ›Džamija‹ (Moschee) mit lichtdurchfluteter Kuppel andere Kunsttempel (► S. 64).

Trg Žrtava Fašizma 16, hdlu.hr

Gesamtkunstwerk

Markuskirche 🕮 D 2

Spirituell-religiös und überzeugt vom jugoslawischen Gedanken, beteiligte sich Meštrović ein paar Schritte von seinem Atelier entfernt 1922 an der Renovierung der **Markuskirche** (► S. 32). Zusammen mit seinem befreundeten Bildhauer Jozo Kljaković gestaltete er den Innenraum maßgeblich und schuf alle Reliefs und Skulpturen der Kirche. Die Pietà aus den 1930er-Jahren zeigt den Einfluss Michelangelos auf den Künstler. Das über dem Altar hängende Holzkreuz, das einen dürren, leidenden Jesus zeigt, schockierte bei seiner Einweihung 1937 aufgrund seines schonungslosen Ausdrucks.

Trg Sv. Marka 5, www.zg-nadbiskupija.hr

Zagrebs sozialistische Vergangenheit

K.u.k.-Architektur ist im Zentrum allgegenwärtig. Doch auch Bauten aus sozialistischen Zeiten prägen das Stadtbild, besonders im Neuen Zagreb (Novi Zagreb, ► S. 75). Statuen und Straßennamen erinnern an Persönlichkeiten aus dieser Zeit – nur einer fehlt: Tito.

Tito war hier

Platz der Republik Kroatien 🕮 C 5

Seit 2020 gibt es einen neuen Renner unter den Stadtführungen: »Walk with Tito« beginnt am Platz der Republik Kroatien (Trg republike hrvatske), der von 1946 bis 2017 offiziell den Namen Marschall-Tito-Platz trug. Seit der Unabhängigkeit Kroatiens gab es Kontroversen um die Beibehaltung des Namens; 2008 protestierten 2000 in rote Schürzen gekleidete Demonstranten, die für den Namen ›Theaterplatz‹ waren, ihnen gegenüber standen 200 Demonstranten, die sich für die Beibehaltung des Namens aussprachen. Heute ist Tito aus dem Zagreber Straßenbild verschwunden. Auch eine kleine Straße im Viertel entlang der Savska heißt heute nicht mehr Ulica Josipa Broza, (Broz war Titos bürgerlicher Name), sondern Magazinska.

https://walkwithtito.com, Mo, Mi 10, Fr 10, 20 Uhr, auch auf Englisch

Untergrund-Geschichten

Grič-Tunnel 🕮 C/D 3

1944 soll es hier zwischen Ante Pavelić, Anführer des faschistischen Unabhängigen Staates Kroatien, und Tito, damals Partisanenführer, zum Treffen gekommen sein. Tatsache oder nur eine der vielen Legenden um den Grič-Tunnel? Fakt ist, dass der Tunnel 1943 von der Ustaša-Regierung erbaut wurde, um als Luftschutzbunker und Verkehrsverbindung zu dienen. Während der Zeit Jugoslawiens wurde seine Existenz totgeschwiegen, wodurch bei der Bevölkerung allerlei Gerüchte aufkamen, z.B. dass es einen geheimen Gang zum Parlamentsgebäude am Markusplatz gäbe. Erst mit dem Zerfall Jugoslawiens wurde der 350 Meter lange Tunnel wieder der Öffentlichkeit zugänglich gemacht, eigentlich als Luftschutzbunker während des Krieges von 1991–1995. Doch 1993 fand darin eine Rave-Party mit internationalen DJs statt (► S. 38).

Grič-Tunnel, Radićeva 2, tgl. 9–21 Uhr; Walking-Tour: viator.com/tours/Zagreb/Zagreb-Croatian-Homeland-War-Walking-Tour/d5391-36444P2

Staatszeitung und Design-Ikone

Vjesnik-Gebäude 🕮 Karte 3, B 6

Eine Straßenbahnfahrt entlang der Savska (► S. 52) führt vorbei an Funktionsgebäuden, die in kommunistischen Zeiten erbaut wurden – u. a. an der Pädagogischen Fakultät, den Gebäuden der Ministerien für Inneres, Soziales und Bildung, der Zagrepčanka, einst höchstes und modernstes Geschäftshaus des Landes, und dem ebenfalls von Weitem sichtbaren Gebäude des Vjesnik, der früher wichtigsten Tageszeitung des Landes. Der 67 Meter hohe Turm mit seinen orangefarbenen und braunen Gläsern ist eine Ikone der 70er-Jahre-Architektur, 1972 erbaut von dem Zagreber Architekten Antun Ulrich. Bis 2013 wurden hier Nachrichten gedruckt, von 1940 bis 2012 war die Tageszeitung das überregionale Regierungsblatt, dann wurde sie an einen Londoner Investor verkauft und ihr Druck im gleichen Jahr eingestellt. Online sollte sie weitergeführt werden – auch dieser Plan inzwischen Geschichte. Ein Renovierungsprojekt ist Ende 2021 eingeleitet worden, was danach mit dem Bau geschieht, ist ungewiss.

Slavonska avenija 4

Street-Art in Zagreb

Zagreb ist ein Street-Art-Zentrum. Die hyperrealistischen Szenen des Zagrebers Lonac (Topf) bedecken die langweiligen Wände. Lapo Lapo eröffnete 2015 als erstes Street-Art-Studio. Und die Künstlerin OKO (Auge) hat den Außenbereich des Museums für zeitgenössische Kunst gestaltet.

Auf dem Gradec-Plateau

Sunken Mural Park 🕮 D 3

Das berühmteste Mural Zagrebs befindet sich zwecks Renovierung unter einer Plane: Der »Blaue Wal« des französischen Künstlers Etien gilt als Anamorphose, weil es nur unter einem bestimmten Blickwinkel zu erkennen ist.

Zu finden in der Oberstadt, unterhalb und auf dem Gradec-Plateau.

Graffiti-Gasse

Zakmardijeve stube 🕮 D 3

Die Treppen Zakmardijeve stube sind eine wahre Street-Art-Gasse. Unten an der Radićeva sieht man blassrosa noch die Überreste des roten Graffiti-Teppichs, der 2018 den Startschuss für das Projekt »Okolo« gegeben hat: die Stadt verschönern und (neu) erkunden. Schauen Sie sich um: #okolozagreb ist überall! *Okolo* bedeutet ›drumherum‹, enthält aber auch das Wort *oko,* ›Auge‹.

Jugendzentrum

Art Park Zagreb 🕮 F 2

Als Teil des Ribnjak (▶ S. 84) hinter dem Kaptol ist der Art Park seit Jahren eine Institution nicht nur für Graffiti, sondern auch für Feste, Zirkusveranstaltungen und Sommerkinos.

Ribnjak ul.

Illustre Wasserköpfe

Pimp my Pump

Das gleichnamige Künstlerkollektiv hat Wasserpumpen aus dem 19. Jh. bemalt und als berühmte Köpfe verkleidet: Die Simpsons-Family ziert die Wasserstellen entlang des Bundek (▶ S. 84), Hermann Bollé fehlt natürlich auch nicht, genauso wenig wie August Šenoa, Autor des ersten kroatischen Romans (▶ S. 31), oder Ivo Robić, dessen Song »Morgen« die deutsche Schlagerwelt eroberte. Übrigens: Die meisten Pumpen funktionieren und das Wasser daraus ist trinkbar.

Verteilt in der Stadt, Karte der Wasserpumpen zum Download unter: www.infozagreb.hr/pimp-my-pump

Wo der Riese schläft

Park Opatovina 🕮 E 2

Die Tkalčićeva mit dem Kaptol verbindend, ist der **Park Opatovina** eine weitere Street-Art-Hochburg. Seit 2016 ziert »Gulliver« einen meterlangen Teil der Parkwand. Der Künstler dahinter ist Boris Bare. Weitere Werke stammen von Marin Remić (Smelly Feet), Erol Sjajni und Tihomir Krklec (Afrika).

Opatovina ul.

Der blaue 3D-Wal des französischen Künstlers Etien hat es 2016 unter die Top-Ten-Murals der Welt geschafft.

Pause. Einfach mal abschalten

In Zagreb gibt es so manche Orte, um sich zu entspannen. »Samo polako«, immer mit der Ruhe, ist nicht umsonst eine Lieblingsdevise der Zagreber. Ob Cremeschnitten im Lieblingscafé oder Wanderungen am Hausberg – in der kroatischen Hauptstadt findet jeder ein Plätzchen zum Abschalten.

Sport, Spiele und ein Musikfestival

Jarun Karte 4, C 3

Nach seinem Stadtteil benannt ist der **Jarun-See.** Er liegt außerhalb des Stadtzentrums, Richtung Save. Der 235 Hektar große Freizeit- und Sportpark birgt neben dem großen auch einen kleinen See. Außerdem gibt es einen 2 km langen Kanal für Ruderwettbewerbe, der anlässlich der **Universiade** (► S. 55) angelegt wurde. Ein idealer Ort, wo man zum Schwimmen und Sonnenbaden hingeht, mit den Rollerblades fährt oder einfach nur joggt. In Cafés im Park und in der Nachbarschaft kann man sich wieder stärken. Auf einer der Jarun-Inseln findet jährlich im Juni das InMusic-Festival statt, mit Campingplätzen auf den Nachbarinseln.

Aleja Matije Ljubeka, Tram 12, 17

Gleich hinter der Kathedrale erstreckt sich der **Ribnjak-Park (F 2/3),** der auch dem Stadtviertel seinen Namen gegeben hat. Das 40 000 m² umfassende Areal wurde 1829 angelegt, auf Anregung des Bischofs Aleksandar Alagović. Den ursprünglich geplanten Skulpturenpark im ehemaligen »Fischteich« sieht man zwar nicht, dafür hat sich in jüngster Zeit die Graffitiszene hier breit gemacht: Der **Art Park** (► S. 83) ist ein beliebter Treffpunkt für junge Kreative.

Sonnenterrasse mit Seeblick

Bundek Karte 3, D/E 7

Alternativ zum Jarun hat sich in Novi Zagreb (► S. 75) der **Bundek-See** entwickelt, der in den letzten Jahren immer beliebter wird. Mit ›Pop-Up by the Lake‹, das 2021 vom Theater Tuškanac (► S. 49) hierhergezogen ist, sind im Sommer Open-Air-Kino-Veranstaltungen, Live-Musik und coole Drinks geboten. Ständige Einrichtung ist die Café Bar Sunce mit schönem Blick auf den See. Beliebt ist der Park besonders bei Familien und die Terrasse an Wochenenden von allen heiß begehrt. Für Kinder gibt es zwei große Spielplätze, von denen der nördliche an die Bedürfnisse von Kindern mit Behinderungen angepasst ist. An den Bundek grenzen der **Park Vjekoslava Majera** und das Schwimmbad **Utrina** an, gegenüber befindet sich das **Hippodrom.**

Bundek: ab Hauptbahnhof Bus 220 o. 229

Utrina: Kombolova ul. 4a, www.sportskiobjekti.hr/default.aspx, Mo–Fr 6–11.30, 14–20, Sa 13–20, So 15–20 Uhr

Hippodrom: Ulica Radoslava Cimermana 5, www.sportskiobjekti.hr/default.aspx, tgl. 6–22 Uhr

Schneekönigin und Wanderlust

Medvednica Karte 4, B–D 1/2

Ganz nah bei Zagreb, im Medvednica-Gebirge, findet man ganz ordentliche Wintersportkonditionen vor. Auf dem Gipfel **Sljeme** (1032 m) wird jedes Jahr Anfang Januar der Weltskicup-Slalom »Snow Queen Trophy« abgehalten. Der Berg kann vom Stadtzentrum aus in 30 Minuten mit der Straßenbahn und dann weiter mit der Sljeme-Seilbahn erreicht werden. Schneeunabhängig

Von grünen Baumriesen umgeben, ausgestattet mit einem Kiesstrand, fernab von Straßenlärm und der Hektik des Alltags ... Der Bundek-Baggersee hat eine beruhigende Wirkung auf seine Besucher.

und zu jeder Jahreszeit lassen sich auch schöne Wanderungen unternehmen und die Festung **Medvedgrad** besichtigen. Besonders beliebt ist der 12,4 km lange mittelschwere Rundweg »Sveti Rok – Sljeme – Sveti Rok«, der am Medvedgrad vorbeiführt. Die Burgruine, die übersetzt ›Bärenstadt‹ heißt, ist seit 1994 Gedenkstätte für die Gefallenen des Kroatien- und Bosnienkrieges 1991–1995. Der aus verschiedenen Quadern bestehende ›Altar des Vaterlandes‹ (Oltar domovine) erinnert an das kroatische Wappen: Die Steinquader stellen die unterschiedlichen kroatischen Regionen bzw. Gespanschaften dar (mit Naturstein, der aus der jeweiligen Gespanschaft stammt), die blauen Glasquader symbolisieren das Meer.

Sljeme–Seilbahn: Gračanska Cesta, Tram 14 bis Mihaljevac und Tram 15 bis Gračansko Dolje, tgl.10–19 Uhr

Wandertouren: www.outdooractive.com

Burg Medvedgrad: Himper 16, Di–So 11–18 Uhr

Ausflug mit Kremšnite

Samobor 🕮 Karte 4, A 2/3

Wenn Zagreber einen Ausflug machen, fahren sie traditionell nach **Samobor,** eine barocke Kleinstadt. Die einst ›freie Königsstadt‹ liegt 30 km von Zagreb und 6 km von der slowenischen Grenze entfernt. Ziel bei diesen Ausflügen ist nicht unbedingt Sightseeing, auch wenn es eine alte Burgruine und die Stadtsilhouette prägende Barockkirche St. Anastasija zu besichtigen gäbe. In Samobor wurde erfunden, was nicht mehr aus der kroatischen Konditorkunst wegzudenken ist: die köstliche *kremšnite*. Am Hauptplatz, dem Trg kralja Tomislava, bilden sich deshalb regelmäßig Schlangen vor der Konditorei **U prolazu** (Im Vorbeigehen). Auch das Hotel-Restaurant **Livadić** serviert die rechteckige Vanillecremeschnitte in Originalrezeptur. Von 1901 bis 1971 verband ein Zug, der legendäre Samoborček, Zagreb mit Samobor. Heute ist es der Name des Busunternehmens, das täglich zwischen den beiden Städten hin- und herpendelt.

Hotel Restaurant Livadić: Trg kralja Tomislava 1, T 385 13 33 51 70, uprava@samoborcek.hr

Konditorei »U prolazu«: Trg kralja Tomislava 5, T 385 13 36 64 20, tgl. 7–23 Uhr

Samoborček: T 385 13 33 51 70, www.samoborcek.hr/samobor-zagreb/

BESSER ZU FUSS

Die meisten Hotels, Hostels und Privatunterkünfte sind in der Unterstadt angesiedelt, nahe dem **Jelačić-Platz** und oft entlang der **Ilica.** Von diesen Orten können Sie das meiste problemlos zu Fuß oder mit der Straßenbahn erreichen. Ein Auto braucht man dann nicht – falls man mit einem anreist, bieten viele Hotels Garagen an. Auch ein Shuttleservice vom Flughafen wird oft vom Hotel bereitgestellt.

Unterkünfte im Internet:
www.trazimsmjestaj.com
www.infozagreb.hr/reiseplanung/unterkunft/hotels&lang=de

PREISE

So viel kostet ein Doppelzimmer mit Frühstück:

€ bis 80 €
€€ 80–120 €
€€€ über 120 €

»Zimmer frei« heißt die Devise

Was Unterkünfte angeht, setzen die Kroaten schon seit Jahrzehnten auf Shared Economy. Früher markierte das Schild »Zimmer frei« mögliche Übernachtungsorte. Heute übernimmt vielerorts Airbnb die Funktion dieses Aushängeschilds. So steht auch in Zagreb eine große Auswahl privat angebotener Unterkünfte zur Verfügung, von denen viele im Pinterest-tauglichen Design daherkommen.

Natürlich gibt es auch klassische Hotels in jeder Preislage, vom Carrington-Feeling im 1980 gegründeten Westin zu funktionalen Herbergen und originellen Hostels. An Auswahl mangelt es nicht, auch wenn die Corona-Krise einige Opfer gefordert hat. Etwa das Train Hostel, das in einem ehemaligen Eisenbahnwaggon am Bahnhof eingerichtet war, oder das Submarine, das dem japanischen Kapselhotel nachempfunden war. Vielleicht kommen diese Konzepte wieder – bis dahin finden Sie trotzdem noch jede Menge Alternativen.

Ein dringend notwendiger Trend ist nachhaltiges Reisen. Hotels jeder Preislage versuchen, ihren ökologischen Fußabdruck zu verkleinern: Das Swanky Mint Hostel erzeugt mit Solarpanels Energie, das Esplanade hat sich 2019 der WWF-Initiative zur Verringerung von Nahrungsmittelverschwendung angeschlossen. Der Verband der Hotelunternehmen verteilt Kategorien dafür, wie nachhaltig ein Hotel ist – basic, advanced oder superior.

Wllkommen im Hotel Esplanade!

Wie zuhause

Apartments Doma Zagreb G 5

Doma heißt ›zuhause‹, und genauso sollen sich die Gäste in den vier zur Auswahl stehenden Studios fühlen: Das Ambiente in dieser Altbauwohnung mit Parkett ist gemütlich, die Möbel sind trendy, und jedes Zimmer ist zusätzlich mit einer Couch und einer kleinen Essecke ausgestattet. Zwischen Zrinjevac (▶ S. 60) und dem Meštrović-Pavillon gelegen, erreicht man von den Apartments alles im Zentrum Gelegene schnell zu Fuß.

Draškovićeva 36, T 385 957 27 04 04, zu buchen über Booking, €€

Getrennt und doch zusammen

A8 b&b F 4

Wer nach einem netten, aber doch nicht zu kleinem B&B sucht, ist hier genau richtig. Das neu renovierte Gebäude hat fünf Zimmer, die allesamt modern und geschmackvoll eingerichtet sind. Außerdem bietet es ein gutes Frühstücksbuffet im gemeinsamen Frühstücksraum an. Die Lage ist auch perfekt, wenige Meter vom Jelačić-Platz (▶ S. 20) und Zrinjevac-Park (▶ S. 60) entfernt.

Amruševa 8, T 385 992 27 22 28, zu buchen über Google oder Booking.com, €€

Über den Dächern von Zagreb

Bed & Breakfast Sky E 4

Es muss nicht die Crown Suite im Hotel Dubrovnik sein. Der Frühstücksraum des B&B direkt gegenüber bietet ebenfalls eine Terrasse mit Blick auf den Jelačić-Platz (▶ S. 20), ein anderes Zimmer schaut auf die bunten Schirme des Dolac (▶ S. 24). Eine zentralere Adresse am ›Trg‹ gibt es eigentlich kaum. Die Preise sind gehobener als in anderen B&Bs, aber alles in allem noch moderat.

Trg bana Josipa Jelačića 3, T 385 914 56 10 00, https://bb-sky-zagreb.com/, €€€

Tradition & Moderne

Hotel Dubrovnik E 4

Das aus dem Jahr 1929 stammende Eckgebäude des Hotel Dubrovnik sticht am Jelačić-Platz (▶ S. 20) hervor. Scheinbar zusammenhanglos wirkt der Glasbau in der Seitenstraße Gajeva, doch auch dieser 1982 entstandene Flügel ist Teil des Hotelkomplexes, der heute 214 Zimmer und acht Suiten umfasst. Einige Zimmer verfügen auch über eine Terrasse mit direktem Blick auf den Platz – insbesondere die 70 m² große Crown-Suite, die zwar weit weniger erschwinglich ist als die anderen Zimmer, aber dafür eine der schönsten Aussichten auf die Stadt bietet.

Gajeva 1, T 385 14 86 35 55, www.hotel-dubrovnik.hr, €€€

Golden Twenties

Hotel Esplanade D/E 7

Ja, das für den Orient-Express am Hauptbahnhof (▶ S. 58) erbaute Hotel ist legendär und luxuriös, aber dennoch erschwinglich; gerade auf einschlägigen Buchungswebsites kann man echte Schnäppchen ergattern. Die Zimmer sind – wie zu erwarten – gediegen und geräumig, eingerichtet im schicken 1920er-Stil, der die Bauepoche des Hotels widerspiegelt. Im Marmorbad kann man sich mit Produkten der Marke L'Occitane verwöhnen. Natürlich wurden auch für die Sauna im Health Club nur hochwertige Materialien verwendet. Für einen Aufenthalt wie beim Großen Gatsby.

Mihanoviceva 1, T 385 14 56 66 66, www.esplanade.hr, €€€

Ältestes Hotel der Stadt

Jägerhorn D 4

Vielleicht ist es der vertraut klingende Name oder die zum Entspannen einladende Terrasse im Innenhof. Oder einfach all die kleinen Details zusammen. Fest steht: Im Hotel Jägerhorn, das seit 1827 besteht und damit die älteste Herberge der Stadt ist, fühlt man sich einfach rundum wohl. Die Zimmer sind im klassischen Dandy-Look eingerichtet, Bücherwände zieren die Gänge, und in der Winterzeit ist das Hotel ein Schauplatz des besonderen Adventszaubers in Zagreb.

Ilica 14, T 385 14 83 38 77, www.hotel-jagerhorn.hr, €€€

Das Hotel Dubrovnik besitzt neben einem modernen Glasbau aus den 1980er-Jahren auch einen klassischen Trakt, der zum Jelačić-Platz zeigt – dem Herz des Zentrums.

Klassisch & modern

Hotel Park 45 B/C 4

Das 2016 im Zuge einer großen Hotel-Erneuerungswelle eröffnete Hotel Park 45 auf der Ilica verbindet klassische und moderne Elemente in Einrichtung und Deko, bietet guten Hotelservice und ein leckeres Frühstück. Es ist zwar keine Besonderheit, dafür aber praktisch, da man von dort aus einfach überall hingelangt.

Ilica 45, T 385 14 09 59 99, www.hotelpark45.hr, €€€

Urban Design

Livris Hotel Karte 3, E 6

Neu in der Nähe des Busbahnhofs, ein wenig abseits der Touristenpfade in einem Stadtteil mit Geschäftshäusern, signiert das Livris als ›Urban Design Hotel‹. Schwarz und weiß, gemischt mit warmem Holz und ein paar Farbakzenten, dominieren in Lobby und Zimmern. In der Deluxe-Suite können Sie direkt vom Bett in den Whirlpool hüpfen. Zum Jelačić-Platz (► S. 20) sind es vier Haltestellen mit der Tram.

Rapska ulica 12, T 385 16 46 51 15, https://livrishotel.com, €€

Legendäre Namensgeberin

Manda Heritage Hotel G 4

»Manda« heißt dieses Hotel, wie die junge Namensgeberin des Manduševac-Brunnens am Jelačić-Platz (► S. 21), der Sage nach der Ursprung Zagrebs. Geografisch ist das Haus zwar nicht direkt am Hauptplatz der Stadt gelegen, dafür aber gegenüber von zwei ikonischen, tempelartigen Gebäuden, die von Viktor Kovačić und Aladar Baranyai (► S. 66) symmetrisch konzipiert wurden. Im Inneren ist das Hotel sehr elegant und cool designt, die Zimmer sind alle mindestens 20 m^2 groß, Tee und Nespresso-Maschinen stehen bereit.

Draškovićeva 15A, T 385 16 47 41 00, https://manda.hr, €€

Gemütlich in der Oberstadt

Paon Boutique Apartments D 1

Wer romantisch in der Oberstadt wohnen will, ist hier genau richtig. Das kleine Hotel hat zwei Apartments und zwei Studios, die geräumig und gemütlich eingerichtet sind. Allesamt bieten sie einen schönen Blick, entweder auf

die Oberstadt und ihre Sehenswürdigkeiten, und/oder mit Terrasse hinaus in den begrünten Hof.
Jurjevska 1, T 385 912 34 59 94, zu buchen über Google oder Booking.com, €€

Altes Kino
Pierrot & Pierrette C 4
»Als Gast kommen, als Star gehen«, verspricht der Slogan dieser vier Apartments in der Ilica 31, an der Stelle, wo 1912 das Kino Apollo erbaut wurde. Pierrot und Pierrette aus der Commedia dell'Arte zierten die Wände des in Hufeisenform angelegten Theaters. Heute sind sie die Schutzpatrone des Hotels mit dem schicken Designkonzept, in dem der 1920er-Stil modern mit Schwarz-weiß und samtigen Grün- und Blautönen kombiniert wird. Der Star ist zweifellos Apartment 4, in dem sogar ein Flügel steht.
Ilica 31, T 385 13 87 28 54, pp-apartments.com, €€

Unter der Mauer
Pod Zidom Rooms E 3
Direkt zwischen Jelačić-Platz und Dolac gelegen, erinnern die Straße und der Name dieses Hotels an die alte Kaptol-Mauer, die vor dem Anlegen des Marktplateaus hier entlang verlief. Im ›Unter der Mauer‹ (pod zidom) kann man nicht nur in elegant-modernem Ambiente übernachten, sondern auch hervorragend im hauseigenen Bistro (► S. 92) dinieren – dort stammen alle Produkte direkt vom Markt, sind außerdem bio und werden herrlich präsentiert.
Pod zidom 5, T 385 993 87 48 36, https://podzidom.hr, €€€

Klassisches Landfeeling
Puntijar Karte 4, C 2
Wer es gerne rustikal und ein wenig ländlich mag, ist in diesem Hotel bestens aufgehoben. Es liegt in Richtung Medvednica-Gebirge nahe dem Restaurant Okrugljak (► S. 95) und kann vom Ruhm her mit jenem durchaus Schritt halten. Auf eine 175-jährige Tradition geht das Restaurant-Museum zurück. Chesterfield-Sofa und Louis-XVI-Sessel zieren die Zimmer und den Restaurantsaal, und ein wenig ritterlich geht es auch zu: Jeder Gast darf hier seinen Champagner wie einst mit dem Säbel öffnen. Hingegen an die Zeit angepasst: Sowohl zum Frühstück als auch im Restaurant werden neben vegetarischen auch vegane Optionen angeboten.
Gračanska cesta 67, T 385 16 45 79 00, https://hotelpuntijar.com, €€€

Meistprämiertes Hostel Kroatiens
Swanky Mint Hostel B 4
In einer ehemaligen Textilfabrik nahe des Britanac (► S. 48) angesiedelt, ist das Swanky Mint auch bei Einheimischen für seinen gemütlichen Biergarten Swanky Monkey Garden beliebt und eigentlich viel mehr ein Kulturzentrum als ein einfaches Hostel. Mit Swimming Pool auf dem Dach, war es 2021 Austragungsort der Digital Nomad Week: Ausschalten und Teleworken kann man hier in der Tat perfekt kombinieren. Das Swanky vermietet übrigens auch vier Apartments, die über die Homepage gebucht werden können.
Ilica 50, T 385 14 00 42 48, https://stayswanky.com, €

Chillen auf der Terrasse
Timeout Heritage Hotel/Chillout Hostel D 4
Auf der Roof Top Lounge wird nicht nur herrlich Party gemacht, sondern man hat auch einen wunderschönen Blick auf den Lotršak-Turm und die Uspinjača. Das Hotel, das unter dem Namen Chillout Hostel auch Gruppenzimmer umfasst, ist perfekt für alle, die superzentral wohnen wollen und Gemeinschaftsräume nicht scheuen. Die Zimmer erfüllen unterschiedliche Bedürfnisse, wobei die Hochbett-Zimmer nicht weniger stylisch daherkommen als die Doppelzimmer. Das begrünte Atrium mit chilliger Bar ist auch für Nicht-Gäste zugänglich.
Ilica 16, Hotel: T 385 981 60 01 23, https://out.city, €€; Hostel: T 385 954 44 40 12, www.chillout-hostel-zagreb.com, €

Zagreber Schnitzel statt Ćevapčići

Bei kroatischer Küche denken viele an Ćevapčići, vielleicht noch an die Fischgerichte, die sie im Urlaub am Meer probiert haben. Zagrebs Restaurants vereinen all diese Einflüsse, auch wenn die eigentliche Zagreber Küche eine andere ist.

Natürlich bekommt man die ursprünglich aus Bosnien stammenden Fleischröllchen hier genauso wie Burek und andere Gerichte der Balkanküche. Ebenso die Klassiker von der Küste: Scampi vom Grill oder schwarzes Tintenfisch-Risotto. Die eigentliche Zagreber Küche aber sieht anders aus, ist bodenständig, geprägt von Oma und der Nähe zu Österreich. So tauchen sowohl das Wiener Schnitzel als auch das Zagreber Schnitzel (das nichts anderes als Cordon Bleu ist) auf der Speisekarte auf. Zum Nachtisch gibt es Palatschinken. Und als kalorienreiches Traditionsessen, je nach Beilagen süß oder herzhaft, wird die aus dem Zagreber Umland stammende Spezialität *štrukli*, eine Art Käse-Sahne-Auflauf, serviert. Viele junge Köche interpretieren diese traditionsreichen Gerichten neu, wobei als ungeschriebene Qualitätsregel gilt, dass die Zutaten direkt auf dem **Dolac** (▶ S. 24) gekauft werden. Neben einer Rückbesinnung auf das Ursprüngliche hat in den letzten Jahren ein weiterer Trend Zagreb erfasst: vegane Küche. Viele Restaurants bieten neben vegetarischen Gerichten auch vegane an, wohl wissend, dass es da einen Unterschied gibt.

Lokale Produkte kauft man auf dem (Dolac-)Markt.

ZUM SELBST ENTDECKEN

Nachhaltiges und lokales Essen bekommt man aus erster Hand am besten auf dem Dolac-Markt, wo die *kumice* aus dem Zagreber Umland ihre Produkte verkaufen. Am besten früh morgens kommen und in der Frischkost-Halle unterhalb des Plateaus frisches Maisbrot, *sir i vrhnje* (einen besonderen Frischkäse mit saurer Sahne) oder *slanci* (frische Weißbrotstangen mit kleiner Salzkruste) kaufen. Kulinarische Touren führen auch über den Markt. Die Touren können über TripAdvisor oder im Tourist Information Center am Jelačić-Platz gebucht werden.

PREISE

So viel kostet in etwa ein Hauptgericht:

€	bis 15 €
€€	15–25 €
€€€	über 25 €

SO BEGINNT EIN GUTER TAG IN ZAGREB

Im Zagreber Zuckerparadies

Cukeraj F 6

Sprechen Sie den Namen ruhig laut aus – denn ja, es heißt wirklich: Zuckerei. Die kleine Konditorei in der Petrinjska, die auch einen Laden im Naherholungsgebiet Jarun (► S. 84) hat, ist kein Ort für den Stammtisch der Damen von »Aber bitte mit Sahne«. Marina und Vesna kredenzen unterstützt von ihrer Großmutter Katarina traditionelle kroatische Orehnjače (Haselnussrollen) und moderne Tango-Torten, Garfield-Geburtstagskuchen, Strudel und Plätzchen, die hervorragend zum Morgenkaffee passen. Zucker heißt im Zagreber Dialekt *cuker* – ein Zufall, dass der zweite Bestandteil des Namens *raj* (Paradies) heißt?

Petrinjska 61 (Innenstadt), Pakoštanska 12, cukeraj@cukeraj.hr, tgl. 8.30–21 Uhr, €

Ei, Ei, Ei … in all seinen Variationen

Eggspress H 3

Die erste kroatische Omeletterie ist zwar spezialisiert auf weiß-gelbe Brunchgerichte, doch neben Egg Benedict und Shakshuka, Eierlikör und Sauce Hollandaise gibt es jede Menge herzhafte und süße Kombinationen, auch in glutenfreier, vegetarischer oder veganer Ausführung. Die Eierspeisen gibt es als Beilage oder Hauptgerichte. Bei schönem Wetter kann man auf der Terrasse frühstücken.

Vlaška 81a, T 385 95 72 00 95, IG: @eggspresszg, Di–So 9–14 Uhr, €€

Croissants zum Niederknien

Korica D 6

Die Bäckerei Korica (sprich koritza, dt. Kruste) hat drei Filialen in der Stadt, die alle drei gleichermaßen gute Backwaren anbieten: im Britanac-Viertel (► S. 48) in der Deželićeva 36, am Svačićev-Trg unweit des Grünen Hufeisens (► S. 56) und im Design Distrikt (► S. 65) in der Martićeva 19. Vom Brot bis zu den Kuchen ist alles hausgemacht, auch Croissants, Sandwiches und Focaccias gibt es, und natürlich Kaffee. Eine besondere Kreation sind die Cruffins, die mit unterschiedlichen Füllungen daherkommen: Vanille, Schokolade, Zitrone und Erdnussbutter mit Himbeermarmelade.

Preradovićeva 39, T 385 16 23 19 95, http://www.korica.hr, Mo–Fr 7–20, Sa 8–15 Uhr, €

Stilvollendete štrukli

Le Bistro Esplanade E 7

Gönnen Sie sich zum Tagesanfang ein Frühstück im Esplanade (► S. 87), Zagrebs traditionsreichstem Hotel, am besten auf der Terrasse des Hotelbistros. Die *štrukli* des Hauses sind himmlisch, die Palatschinken ein Muss der Habsburgerküche, aber auch Frühstücksklassiker wie Omelette, Eggs Royale oder Avocado-Toast sind vom Feinsten und dabei verhältnismäßig erschwinglich. Der Sonntagsbrunch im hoteleigenen Restaurant Zinfandels' ist mit knapp 60 € deutlich teurer.

Mihanovićeva 1, T 385 14 56 66 11, www.lebistro.hr, Frühstück tgl. 9–11, ansonsten bis 23 Uhr geöffnet, €€€

Typisches Zagreber Frühstück

Otto & Frank E 3

Das Restaurant in der Ausgehmeile Tkalčićeva ist zwar nur am Wochenende ganztägig geöffnet, wartet jedoch die ganze Woche über mit seinem Frühstück auf. Bis 12 Uhr gibt es hausgemachtes Granola, Porridge, Armen Ritter in verschiedenen Varianten, »Sunny side up« English Breakfast und die reichhaltige Variante dessen, was ein Zagreber typischerweise zum Frühstück ist: *sir i vrhnje* – eine Frischkäsekombination mit Hüttenkäse und Sauerrahm, dazu Frühlingszwiebel, Radieschen und Schinken, knusprig pochierte Eier und Spinat.

Tkalčićeva 20, T 385 14 82 42 88, www.otto-frank.com, Mo–Sa 8–23, So 9–17 Uhr, €€

Die Kunst des Kuchenbackens

Le Kolač J 3

Der junge Robert Hromalić ist einer der bekanntesten Patissiers Kroatiens. Sein in Frankreich erworbenes savoir-faire nutzt er, um beste Kuchen zu kreieren, die nicht nur optische Hingucker sind, sondern diversen Bedürfnissen gerecht werden: Für Veganer gibt es Marmorflan mit dunkler Schokolade und Kokos- und Mandelmilch, für glutenfreien Genuss den Yuzu-Cheesecake. Auch andere Institutionen wie das Esplanade werden mit Hromalićs *kolač* (Kuchen) beliefert.

Petretićev trg 3, T 385 912 96 66 67, www.lekolac.com, Mo–Sa 10–22, So 10–15 Uhr, €€€

Dolce vita mit Focaccia

Verde brunch & caffe K 4

Italienische Kaffeespezialitäten, leckere Focaccias und Tramezzini, selbstgebackene Plätzchen und ein gemütliches Ambiente sind die Highlights dieses Cafés im Design Distrikt (► S. 65), in dem auch Kulturveranstaltungen stattfinden. Zu später Stunde werden Cocktails gemixt.

Martićeva 63, T 385 15 51 43 24, www.verde.hr, Mo–Fr 7–21, Sa, So 8–16 Uhr, €€

WO ESSEN AUF NACHHALTIGKEIT TRIFFT

Grünes Paradies

Food Garden E 5

Als relativ neue Adresse auf dem Zrinjevac (► S. 60) ist der Food Garden ein Paradies nicht nur für Veganer, sondern für alle, die sich gesund ernähren wollen und den besonderen Gaumenkitzel suchen. Mit kreativen Rezepten werden vegane Sushi, Seitan-Kebab-Tortillas und Plant Nuggets serviert, daneben Bowls zum Selbstzusammenstellen und zum Nachtisch Kuchenkreationen, Früchtemousse und diverse Smoothies. Auch das Frühstück lockt mit veganen Omelettes und veganen Feta-Toasts.

Zrinjevac 16, T 385 916 09 16 66, www.foodgarden.hr, Mo–Sa 10–23, So 10–22 Uhr, €€

Kroatisches Street Food

Heritage – Croatian Food F 5

In dieser Ladenboutique, die lokale und regionale Esswaren verkauft, können Sie mit kleinen Snacks und Sandwiches einen kulinarischen Streifzug durch die Regionen Kroatiens machen. Der Erhalt des gastrokulinarischen Erbes wird großgeschrieben: Alle Produkte stammen von kleinen lokalen Erzeugern, und einige der Speisen können vegetarisch oder vegan abgewandelt werden.

Petrinjska 14, info@foodheritage.hr, tgl. 12.15–20 Uhr, €€

Traditionelle Kalorienbombe

La Štruk E 3

Immer schon vegetarisch war die regionale Spezialität *štrukli*, die süß oder herzhaft daherkommt. Im kleinen Restaurant La Štruk mit seinem gemütlichen Innenhof gibt es die Kalorienbombe aus Ei, Sahne, Käse und Teig in allen möglichen Varianten, u. a. mit Trüffeln oder Kürbiskernen, mit Blaubeeren oder als Suppe. Die *štrukli* werden stets frisch zubereitet, was natürlich dauert – 20 Minuten müssen Sie schon warten, aber es lohnt sich!

Skalinska 5, T 385 14 83 77 01, IG: @la_struk, Mo–Sa 11–22, So 11.30–22 Uhr, €€

Kreatives vom Markt nebenan

Pod Zidom E 3

Das zum Hotel Pod Zidom Rooms (► S. 89) gehörende Bistro bietet hervorragende lokale Küche mit Produkten aus biologischem Anbau, direkt vom benachbarten Markt. Der Name erinnert an die alte Kaptol-Mauer, die vor der Anlegung des Dolac (► S. 24) hier verlief. Heute genießt man auf der Terrasse mit Blick auf die Kathedrale oder in gemütlich-schicker Bistro-Atmosphäre täglich wechselnde Tagesgerichte, die kreativ kombiniert und präsentiert werden. Seit neuestem gehört zum Pod Zidom auch das Ficlek (► S. 94).

Pod Zidom 5, T 385 993 25 36 00, https://podzidom.hr, Di–So 12–23 Uhr, €€

We all live in a yellow …

Submarine E 3

In der Frankopanska, in einem Kellergewölbe, das einem U-Boot gleicht, eröffnete 2014 das Burgerrestaurant Submarine. Mittlerweile hat es 15 Filialen, nicht nur in Zagreb, sondern

Wie kein anderes Restaurant hat sich das kleine »La Štruk« in der Skalinska auf ein Gericht aus dem Zagreber Umland Zagorje spezialisiert: štrukli.

auch in anderen Großstädten Kroatiens. Das Konzept: Alle Burger sind bio, lokal und hausgemacht, die Brötchen werden nach einem Geheimrezept hausgebacken, die Kartoffeln selbst gepflanzt und gepflückt, die Milch- und Fleischprodukte stammen aus lokalem Ökolandbau. Veganer dürfen sich auf fünf verschiedene Burgervarianten freuen: Original mit Beyond Meat, mit Avocado oder Superfood, italienisch mit Pesto und Rucola. Wem die Wahl schwerfällt, kann auch jeweils drei Minivarianten bestellen. Kinder essen sonntags gratis.

Tkalčićeva 12, T 385 15 53 31 15, https://submarineburger.com, tgl. 10–21 Uhr, €€

Klassisch, aber vegan

Vegehop H 3

Direkt neben dem Eggspress (► S. 91) ist das Vegehop ein ganz auf vegane Gerichte spezialisiertes, aber klassisch daherkommendes Restaurant mit leckeren und günstigen Tagesgerichten. Bohnensuppe und griechischen Salat, Kroketten und Lasagne gibt es hier, ebenso Donauwelle und Palatschinken zum Nachtisch. Daneben werden Bücher angeboten, auf der Internetseite findet man jede Menge Tipps zu veganer Ernährung. Achtung: nur Barzahlung möglich.

Vlaška 79, T 385 14 64 94 00, https://vegehop.hr, tgl. 12–20 Uhr, €

Wurzeln schlagendes Korn

Zrno B 5

Im Hof schlängelt sich ein Baum durch die Mauer, innen dominieren ebenfalls Holz und Grüntöne. Das seit 2013 bestehende Zrno (Korn) ist das erste zertifizierte, hundertprozentig vegane Restaurant Kroatiens. Alle Gerichte stammen aus lokaler Herstellung von der Zrno-Farm, dem ersten Biobauernhof des Landes, sind laut Karte garantiert frei von ›obskuren Chemikalien und Pestiziden‹ und einfach lecker. Seien es die täglich frisch zusammengesetzten Makroplates, die leckeren Rawcakes zum Nachtisch oder die vegane Variante des kroatischen Wintergerichts Sarma, das hier mit Seitan und Hokkaidokürbis serviert wird.

Medulićeva 20, T 385 14 84 75 40, restoran@bio-zrno.hr, www.zrnobiobistro.hr, Mo–Fr 12–21.30 Uhr, Küche schließt um 21 Uhr, €€

Sarma – so heißen Krautwickel nicht nur in Kroatien, sondern auch in Bosnien, Serbien und anderen Balkanstaaten.

INSTITUTIONEN & SZENETREFFS

Verbindung von Meer und Land

Agava E 2

Vom Äußeren her eine typische *klet* – ein Ausflugslokal mit viel Holz und gelegentlicher Live-Musik –, bietet das Traditionsrestaurant in der Tkalčićeva einen Streifzug durch die feinste kroatische Küche: von der istrischen Nudelspezialität *fuži* mit Trüffeln zur dalmatinischen *pašticada*, einem Rindfleischgericht mit Ragout und hausgemachten Gnocchi, vom Wolfsbarschtartar zum Krabbensalat mit Spargeln. Chefkoch Belizar Miloš (dessen rechte Hand bis 2021 übrigens die neue Chefin des Mr. Moo (▶ S. 96) war) schwört auf die Verbindung von Meer und Land, verwendet nur einheimische Produkte und passt jedes Menü der Jahreszeit an.

Tkalčićeva 39, T 385 14 82 98 26, https://restaurant-agava.hr, tgl. 9–23 Uhr, €€€

Essen beim Fußballstar

Boban E 4

1998 war er Teil der Nationalmannschaft, die Deutschland rauskickte und den 3. Platz bei der Weltmeisterschaft belegte. Heute ist Zvonimir Boban Besitzer des gleichnamigen, zweistöckigen Restaurants nahe des Tesla-Denkmals (▶ S. 43). Oben ist es ein Café, unten ein feines, italienisch angehauchtes Restaurant, in dem man lecker Thunfisch-Steak, Shrimps-Risotto oder die Vorspeise des Hauses, die »Boban-Platte«, essen kann. Auch an die Kleinsten wird gedacht: Gleich drei Kindermenüs stehen zur Auswahl.

Gajeva 9, T 385 14 81 15 49, www.boban.hr, tgl. 12–24 Uhr, €€€

Kleines, leckeres Stückchen

Ficlek E 3

›Kleines Stückchen‹ bedeutet der aus dem Zagreber Dialekt kommende Name dieses Gastro-Konzepts, das zum Hotel Pod Zidom Rooms (▶ S. 89) gehört. In modernem Holzambiente landen hier traditionelle Zagreber Speisen auf Omas feinen Porzellantellern. Natürlich werden alle Zutaten auf dem Markt nebenan besorgt, und einige der Gerichte klingen – wenn laut ausgesprochen – äußerst vertraut: *Ajngemahtec* (Eintopfsuppe), *tafelšpic* (Tafelspitz) und *granadirmarš* (Grenadiermarsch), ein aus der österreichischen Küche stammendes Gericht mit Kartoffeln, Nudeln, Zwiebeln und Speck.

Pod Zidom 5, T 385 994 95 89 09, IG: @gostionica_ficlek, Mo–Sa 11–23, So 11–17 Uhr, €

Kulinarischer Museumsfund

Lanterna na Dolcu E 2

Am oberen Teil des Dolac-Markts (▶ S. 24) führen die Brüder Ivan und Tomislav eines der beliebtesten Zagreber Restaurants. Inspiriert von einem Kochbuch aus dem Jahr 1854, das sie im Museum der Stadt Zagreb (▶ S. 79) gefunden haben, zaubern die beiden feinste Gerichte, die sie entweder auf der Terrasse oder im 300 Jahre alten Kellergewölbe kredenzen. Traditionelle und moderne Gaumenfreuden werden hier geschickt miteinander verrührt und serviert.

Opatovina 31, T 385 14 81 90 09, www.lanterna-zagreb.com, Mo–Sa 12–23 Uhr, €€

Alte Mühle mit Tradition

Okrugljak Karte 3, C 1

Wenn alteingesessene Zagreber gut essen oder feiern wollen, kommen sie ins Okrugljak. Die Holzhäuschen der alten Mühle, die auch der Straße ihren Namen gegeben hat, die klassischen roten Sonnenschirme auf der großen, über mehrere Ecken verlaufenden Terrasse – alles hier hat eine über 100-jährige Tradition. Die Kellner sind zuvorkommend, das Essen typisch kroatisch – von Grillspeisen bis hin zu Desserts aus der Habsburgerküche. Auch berühmte Persönlichkeiten wissen die Location zu schätzen: Fußballstar Luka Modrić (► S. 120) hat in der zum Festsaal umgestalteten Scheune seine Hochzeit gefeiert, so wie viele andere Zagreber Paare auch.

Mlinovi 28, T 385 14 67 41 12, https://okrugljak.hr/eng, tgl. 12–22 Uhr, €€€

Küss die Hand!

Stari Fijaker C 3

Dieses Restaurant ist ein Muss für alle, die authentische kroatische Küche genießen wollen. Mit Tischdecken im traditionellen Muster des Zagorje, Erinnerungen an alte Zeiten und tatsächlich auch einem alten Fiaker ist das Ambiente in diesem seit 1848 bestehenden Restaurant genauso hervorragend wie der Service. Im Winter gibt es ein eigenes Adventsmenü und alljährlich die sonst in der Weihnachtszeit üblichen Mlinci – dünne gebackene Fladen, die wie Nudeln im Wasser gekocht und als Beilage zu Pute oder Ente und Rote Bete gereicht werden. Auch Sarma – in Sauerkrautblätter eingelegte Krautwickel – kann man hier probieren, ebenso wie Spezialitäten aus Dalmatien und Slawonien.

Mesnička 6, www.starifijaker.hr, Mo–Sa 11–23, So, Fei 11–22 Uhr, €€

ZAGREBER KÜCHEN-ABC

Ajnpren

Omas gute Einbrenn-Suppe aus Mehlschwitze ist noch heute eine beliebte Vorspeise. Mit dem traditionellen kroatischen Vegeta gewürzt und mit Beilagen raffiniert, kann man sie beliebig variieren.

Gemišt

Wenn Zagreber einen *gemišt* bestellen, meinen sie damit: eine Weißweinschorle. In der Regel nicht in großen Schorlegläsern, sondern in normalen Wasser- oder Weingläsern serviert.

Mlinci

Mlinci essen die Zagreber an Festtagen – an Weihnachten als absolutes Muss, an Allerheiligen oder Ostern zumindest als Option. Die Teigfladen aus Mehl und Wasser werden dünn ausgerollt gebacken, dann zerkleinert und in kochendem Wasser weichgekocht, um schließlich im Backofen mit dem Bratensud vermengt zu werden.

Sarma

Sarma ist überall in der Zagreber Region das Essen an Silvester: mit Hackfleisch und Reis gefüllte Sauerkrautwickel, dazu Kartoffelbrei und Tomatensauce.

Sir i vrhnje und štrukli

Frischkäse und saure Sahne (die allerdings ganz anders schmecken, als Sie es bisher kennen) sind mit Brot, Frühlingszwiebeln und Radieschen das traditionelle Frühstück der Zagreber. *Sir i vrhnje* werden aber auch zu der kalorienreichen Delikatesse verarbeitet, der Sie bei einem Stadtbesuch auf keinen Fall widerstehen sollten: *štrukli.*

Besonders an Weihnachten werden sie überall an den Ständen der Stadt verkauft: *fritule*, kleine, in Öl gebackene Krapfen, die oft mit Schokolade gefüllt daherkommen. Die Auswahl an Schokoladenvarianten ist bei Kraš auf dem Jelačić-Platz (► S. 23) am größten, wenn auch die Teigbällchen hier kleiner ausfallen als an den Nebenständen.

EXPERIMENTIERFREUDIG UND UNGEWÖHNLICH

Izakaya-Atmosphäre im Hinterhof

Kai Street Food E 4

Kaj heißt im Zagreber Dialekt ›Was‹ – und »Waaaas?« fragt man sich tatsächlich, wenn man zufällig auf diese kleine, in einem Hinterhof am Jelačić-Platz versteckte Street Food Bar stößt. Fast wähnt man sich in einer japanischen Izakaya. Es gibt täglich wechselnde Gerichte, die auf Holztabletts statt Tellern serviert werden: paniertes Hähnchen à la Katsu Sando, Bao-Brötchen mit gebratenem Seehecht mit Kartoffelsalat, frische Thai-Nudeln und rohem Thunfisch, als Beilagen aber auch Süßkartoffeln und Focaccia. Dazu trinkt man das nach belgischer Art gebraute Bier aus der Zagreber Mikrobrauerei Houblon (franz. für ›Hopfen‹).

Jurišićeva 2a, IG: @kaistreetfoodbar, Di–Sa 12–22 Uhr, €€

ZAGREBER BACKWAREN

In der Bäckerei machen sich die vielfältigen Einflüsse der Zagreber Küche bemerkbar. Neben dem bosnischen *burek* mit Fleisch und der fleischlosen Variante *pita* (meist mit Käse oder Äpfeln gefüllt) gibt es österreichischen Apfel- und Kirschstrudel, daneben eine reiche Brotauswahl und Berliner (bzw. Krapfen) zu jeder Jahreszeit. Als kroatische Brezenvariante werden *slanci*, Weißbrotstangen mit feiner Salzkruste, angeboten.

Highlight der Tkalčićeva

Mr. Moo Bar & Restaurant E 1

Ganz am Ende der Tkalčićeva, vorbei an Sportcafés und eng bestuhlten Terrassen, wartet ein wahrer Gastro-Tempel: Mr. Moo. Burger suchen Sie hier vergebens, die gab es vor der Übernahme des Restaurants 2021. Eine stilisierte goldene Kuh ziert nun die Wände, im Inneren hangelt sich eine – zwar nicht echte, aber Gemütlichkeit verbreitende – Pflanzenwand empor. Für alle Tische kreieren die junge Chefköchin Ivana Antolković und ihr Partner Robert Ciglar unter den Mottos »Tasting the land« oder »Tasting the sea« Menüs der Spitzenklasse zu fairen Preisen. Von der kalten Rote-Bete-Suppe zum Pfirsich-Risotto, vom lila Tintenfisch zum Thunfischtartar, von Ente mit Aloe Vera zur Neuinterpretation der Kremšnita. Dazu wird selbstgebackenes Sauerteigbrot gereicht und zu jedem Gericht der passende Wein.

Tkalčićeva 84, T 385 955 60 39 96, www.mrmoo.hr, Di–So 17–24 Uhr, €€€

Unser tägliches Brot

NAV Restaurant D 5

Jeder Morgen beginnt im NAV mit Brot backen. Jeden Tag ein neuer Geschmack, jeden Tag ein neuer Gaumenkitzel für das mehrgängige Menü. Das Essen wird stets den individuellen Bedürfnissen angepasst. Der junge und ambitionierte Koch Tvrtko Šakota gibt wirklich alles, um seine Gäste zu verwöhnen. Mit »NAV on fire« wirft er sogar bei Ihnen zuhause den Grill an.

Masarykova 11, T 385 12 02 99 61, www.nav-restaurant.com, Di–Sa 18.30–24 Uhr

Mehr als nur gesunde Säfte

Roots Juice & Cocktail Bar D 3

Anders als der Name vermuten lässt, bietet das Roots nicht nur Säfte, sondern auch gesundes Essen in cooler

Bar-Atmosphäre, in einem Kellergewölbe direkt neben der Uspinjača. Bis 16 Uhr gilt das Juice-Bar-Menü mit Smoothie-Bowls, Porridge-Kreationen, diversen Frucht- und Gemüsecocktails sowie Kaffeespezialitäten. Ab 16 Uhr wird umgestellt auf die Cocktail-Bar-Karte, mit originellen und vielfältigen Drinks und einem wöchentlich wechselnden »Meet Croatia«-Cocktail, dessen typisch kroatische Zutat der Barkeeper verrät. Tapas, Toasts und gemischte Platten stillen abends den Hunger.

Tomićeva 5, T 385 98 32 23 85, https://roots.bar, So–Do 10–23, Fr, Sa 10–24 Uhr, €€

Salz und Erde

SOL Tapas na hrvatski E 4

Sol heißt Salz auf Kroatisch und ist gleichzeitig das spanische Wort für ›Sonne‹ – eine geeignete Namenswahl für dieses neue Gastro-Konzept im ehemaligen Städtischen Kaffeehaus am Jelačić-Platz (▶ S. 21). Serviert werden kroatisch interpretierte Tapas, dalmatinische *Pašticada* ersetzt die klassischen Hackfleischbällchen in Tomatensauße, Scampi werden mit Kartoffelknödeln gereicht, gebratener Pfirsich mit Ziegenkäse steht als eine der vegetarischen Tapasvarianten auf dem Programm. Reservieren ist notwendig: Die neue Location ist beliebt und Tage im Voraus ausgebucht.

Trg bana Josipa Jelačića 9, T 385 958 63 17 77, IG: @sol_tapaszagreb, Mo–Sa 12–1 Uhr

Shrimps on the beach

Takenoko C/D 5

Der feinste und beliebteste Japaner der Stadt besticht mit kunstvoll zusammengestellter Fusionsküche: Thunfisch-Foie-Gras und Sake-Trüffel-Nigiri, saisonal präsentierte »Shrimps on the beach« und ein wahres Blumenmeer auf dem Takenoko-Tartar sind nur einige der köstlichen Sushi, Sashimi und Maki. Japanisches Rind, der Trendfisch Black Cod und Entenconfit überzeugen unter den Hauptgerichten, und zum Abschluss gibt es an der Bar die besten japanischen Gins.

Masarykova 22, T 385 116 46 33 85, http://takenoko.hr, Mo–Sa 12–1 Uhr, €€€

Die kleinen frittierten Teigkugeln fritule lassen sich irgendwo zwischen Krapfen und Windbeutel einordnen. Verkauft werden sie vor allem zur Weihnachtszeit an fast jeder Ecke.

ÖFFNUNGSZEITEN AM WOCHENENDE

Lassen Sie sich mit dem Bummeln am Wochenende nicht allzu viel Zeit. Außer den Lebensmittelmärkten, die lange Öffnungszeiten haben, schließen die meisten Läden samstags in der Regel um 15 Uhr und sind sonntags komplett geschlossen.

Apropos Lebensmittelläden: Der Wandel von Kommunismus zu Konsumgesellschaft hat sich auch im Supermarkt bemerkbar gemacht. Der einstige staatliche Supermarkt Unikonzum wurde zu Konzum und teilt seine Rolle als Versorger der Nation nun mit Spar, Lidl und Co.

Konsum im Wandel

Um die Millenniumwende herum war Zagreb eine Stadt im Aufbruch: Internationale Ketten fingen an, sich breit zu machen und das Einkaufsverhalten der Zagreber zu verändern. Trotzdem ist man heimischen Traditionen treu geblieben.

Auf dem Markt wird traditionell alles verkauft, von Lebensmitteln über Kleider bis hin zu Körben und Souvenirs (z. B. auf dem **Dolac** ▸ S. 24). Was ein Kaufhaus ist, wissen die Zagreber schon seit 1906, schließlich wurde da das ›Kastner i Öhler‹ in der Ilica (▸ S. 40) eröffnet. Das 1945 daraus entstandene **Nama** wurde wortwörtlich zum ›Volksmagazin‹: Die Abkürzung steht für ›Narodni magazin‹, aber sie impliziert auch einen Ort, mit dem man sich identifiziert, bedeutet *nama* doch ›uns‹. In der Nama kann man wirklich alles kaufen, von Kleidern bis hin zu Kosmetika und Lebensmitteln. Wobei das Kaufhaus in puncto Kosmetik ernsthafte Konkurrenz bekommen hat: Heute gehen die meisten Zagreber lieber zu dm oder Müller, die seit den 2000ern mit ihren Filialen die Stadt erobern.

Zum Kleidershoppen sind die kleineren Boutiquen und internationalen Ketten entlang der **Ilica** beliebter als das etwas in die Jahre gekommene Traditionskaufhaus, das zu Anfang des Millenniums eine Identitätskrise durchmachte und sogar zeitweise geschlossen wurde. Einige Shopping-Malls, die ebenfalls um das Jahr 2000 entstanden, ereilte ein ähnliches Schicksal: Heute stehen sie zwar noch, aber oft leer.

Bummeln in der Haupteinkaufsstraße Ilica.

BÜCHER & MUSIK

Alle Stars von ExYu

Croatia Records C 4

Diesen Plattenladen gab es schon zu sozialistischen Zeiten. Damals hieß er noch Jugoton und gehörte dem gleichnamigen staatlichen Musikverlag, der alle großen Künstler des damaligen Jugoslawiens unter seinem Vertrag hatte – auch die Gruppe Riva, die 1989 den Eurovision Song Contest gewann. Mit der Unabhängigkeit Kroatiens änderte das Label seinen Namen um – ein weiteres Mal, hieß es doch bei seiner Gründung 1924 Edison Bell. Auch in den Ursprüngen des Labels stand ein kleiner Laden, in dem die ersten Veröffentlichungen vertrieben wurden.

Gundulićeva 3, T 385 14 81 08 86, https://crorec.net, Mo–Fr 9–19, Sa 9–15 Uhr

Funky Tanzbär

Dancing Bear C 4

Trendiger und internationaler als bei Croatia Records geht es im benachbarten Laden Dancing Bear zu. Vinyl-Alben und CDs in großer Auswahl werden ergänzt von T-Shirts, Mugs und sonstigen Fanartikeln. Auf der Internetseite können angekündigte Neuerscheinungen und besondere Alben vorbestellt werden. Auch in der Nähe der Kulturfabrik, in der Heinzelova 47a, ist eine Verkaufsstelle, wenn auch nur unter der Woche.

Gundulićeva 7, T 385 14 83 08 50, https://dancingbear.hr, Mo–Fr 9–20, Sa 9–19 Uhr; Filiale Heinzelova 47a, Mo–Fr 9–17 Uhr

Die inneren Werte

Free Bird Karte 3, B 5

Im Studentenviertel, ein wenig unscheinbar von außen, versammelt Free Bird an die 80 000 neue und gebrauchte Platten, CDs und andere Tonträger. Besonderheit ist, dass hier auch Musikgeräte repariert werden können und jeder Gast beim Kauf ein kleines Geschenk erhält.

Tratinska 50, T 385 13 82 18 70, https://freebird.hr, Mo–Fr 8.30–20.30, Sa 8.30–15 Uhr

Ich will ein Buch!

Hoću knjigu D 4

Oh, ist es schön, durch die mit Büchern umrahmte Tür zu gehen und dann in dem tempelartigen zweistöckigen Megastore (der zum Glück nicht allzu gewaltig ist) zu landen. Übersetzt bedeutet der Name der Buchhandlung ›Ich will ein Buch‹. Einer der Schwerpunkte liegt auf Kinder- und Jugendliteratur. Zudem werden Schulmaterial und Multimedia verkauft, auch Lesungen finden statt.

Bogovićeva ul. 7, T 385 14 09 50 10, www.hocuknjigu.hr, Mo–Fr 8–21, Sa 8–17 Uhr

Was liest du?

Što čitaš B 5

Mit Büchern von oben bis unten vollgestellt ist dieser kollektiv geführte Buchladen in der Frankopanska. Spezialisiert ist er auf anarchistische Literatur, es gibt jede Menge neue und gebrauchte Bücher, Comics und Graphic Novels zu verschiedenen Themen – Science Fiction, Anthropologie und Philosophie, Feminismus und zeitgenössische Kunst. Fast die Hälfte des Buchbestands ist auf Englisch – wem im Urlaub der Lesestoff ausgeht, wird hier also schnell fündig werden.

Frankopanska 22, www.stocitas.org, Mo–Fr 10–20, Sa 10–14 Uhr

Bücher auf Deutsch und Englisch

Znanje Bookshop E 4

Der Buchladen im Hotel Dubrovnik hat mehrmals den Namen geändert, gehörte aber immer einem Verlagshaus und ist schon lange bekannt für seine große Auswahl an englischen Büchern. Nicht nur aus der Belletristik, sondern auch aus der Kunst- und Fachliteratur finden Sie hier so gut wie jeden Titel. Auch deutsche Bestseller und Klassiker sind vertreten. Sollte Ihnen also während des Aufenthaltes die Lektüre ausgehen, wissen Sie, wo Sie Nachschub bekommen – und das zu fast jeder Tageszeit, sogar sonntags (nur samstags verkürzte Arbeitszeiten).

Gajeva 1, T 385 15 57 79 53, https://znanje.hr, Mo–Fr 8–21, Sa 9–20 Uhr

DELIKATESSEN & LEBENSMITTEL

Pralinen auf Kroatisch

Kraš D 4

Pralinenschachteln heißen in Kroatien Bonbonnière und stammen meistens von einer Marke: Kraš. Der Zagreber Schokoladenhersteller verführt seit 1911 mit süßen Genüssen, seine Nougatbonbons »Bajadera« oder seine Waffeln »Napolitanke« sind Klassiker, ebenso die Schokokekse »Domačica« (Hausfrau) oder die Plombenzieher-Bonbons »Kiki«. Neben Kraš Choco & Café auf dem Jelačić-Platz (▶ S. 23) hat Kraš mehrere über die Stadt verteilte Boutiquen und ist in so ziemlich jedem Supermarkt vertreten – man kommt gar nicht darum herum.

Varšavska 1 (ein paar Häuser neben dem Schokoladenmuseum), T 385 14 87 28 55, www.kras.hr, Mo–Sa 7–20 Uhr

Bio-Käse und bunte Mlinci

Veronika Delikatese B 4

Von außen sieht das Geschäft aus wie ein Tante-Emma-Laden, in Wahrheit aber ist das Gesicht von Veronika das Logo einer Kette, die mittlerweile schon mehr als zehn Niederlassungen hat, die meisten von ihnen in Zagreb. Bioprodukte aus Eigenproduktion werden hier verkauft, von Marmelade und Ajvar bis Schnaps. Besonders lecker sind die vielen Käsevariationen, daneben gibt es – als Hingucker – vorgefertigte Mlinci (▶ S. 95), die als Kräcker präsentiert werden und mit Süßkartoffeln und Kürbis oder in anderen Geschmacksvarianten daherkommen.

Ilica 62, T 385 14 84 68 80, www.veronika-delikatese.com, Mo–Fr 7.30–20, Sa 7.30–15.30, So 8.00–13 Uhr

FLOH- & STRASSENMÄRKTE

An der Mülldeponie

Hrelić Karte 4, D 3

Eine etwas morbide Stimmung herrscht auf dem Hrelić, dem abseits des Stadtzentrums in Novi Zagreb organisierten Flohmarkt an der Mülldeponie, wo normalerweise der Automarkt stattfindet. Mittwochs und sonntags werden hier die Decken ausgebreitet und aller möglicher Krimskrams angeboten. Doch hin und wieder findet man dann tatsächlich

Viel Krempel und den ein oder anderen Schatz findet man auf dem Hrelić, dem größten Flohmarkt des Landes.

einen ›Schatz‹ – goldene Kerzenständer, Vintage-Telefone und alte Schallplatten. Der größte Flohmarkt des Landes lockt jedes Mal an die 2000 Besucher an und ist eine weitere Option, falls man auf dem Britanac (▶ S. 48) nicht fündig wird.
Sajmišna cesta 8, T 385 16 60 99 10, https://hrelic.hr, Mi, Sa, So 7–15 Uhr

Ein Stadtteil im Umbruch
Trešnjevka-Markt Karte 3, B 6
Alternativ zum Dolac-Markt (▶ S. 24) gehen die Einwohner des südlich des Zentrums liegenden Stadtteils Trešnjevka gerne auf ihren eigenen Markt. Auch hier bekommt man lokale Produkte aus dem Umland – zum Beispiel unvergleichlich leckere Paprika aus der Region, und riesige Fleischtomaten und Auberginen, die zu feinem Ajvar verarbeitet werden. Die Umgebung ist zwar nicht so schick wie an der Schwelle zur Oberstadt, bietet aber einen Einblick in das Leben in einem Stadtteil, der zu Beginn des 19. Jh. von der einsetzenden Industrialisierung und den dann entstehenden Arbeitersiedlungen geprägt wurde.
Trešnjevački trg 2, T 385 16 42 29 85, www.trznice-zg.hr, Mo–Fr 6.30–16, Sa 6.30–15, So 6.30–14 Uhr

GESCHENKE, DESIGN, KURIOSES

Nicht nur für Puppenmuttis
Jasmina i lutkice F 6
›Jasmina und die Puppen‹ – dieser Laden ist märchenhaft, von der Schaufensterdeko bis hin zu den kunstvoll gefertigten Puppen, die Jasmina Kosanović schon seit 1999 liebevoll kreiert. Die studierte Kleider- und Textildesignerin kam über ihre Abschlussarbeit, bei der sie die Symbolkraft und das Sagenumwobene in Kleidungsstücken untersuchte, auf ihre jetzige Leidenschaft. Jede ihrer Figuren hat einen eigenen Charakter, eine Seele. 2014 hat sie ihre Boutique, die gleichzeitig ihre Werkstatt ist, dem Publikum geöffnet. Seit neuestem gibt es auch einen Webshop.
Petrinjska 40, T 385 98 79 57 73, www.jasminakosanovic.com, Mo–Fr 10–20, Sa 10–15 Uhr

Kredenzen auf Kroatisch
Kredenca Homestyle E 3
Kredenc, das aus dem Österreichischen und aus der Kirchensprache stammende Wort, bedeutet im Kroatischen heute noch ›Anrichte‹. Passend dazu wird hier so einiges Traditionelles geschmackvoll angerichtet und präsentiert: Schnäpse, Trüffel, Olivenöl, Marmeladen, Lavendel und Naturprodukte, Küchentücher und Kochbücher. Gegenüber gibt es Home Deco mit Tassen und Untersetzern und allerlei Figürchen. An Weihnachten bekommt man hier natürlich auch die berühmten Licitari, Weihnachtsbaum-Anhänger im rot-weißen Design der Šestiner Schirme.
Radićeva 13 u. 14, T 385 915 44 72 94, https://kredenca.com, Mo–Sa 9–21, So 10–21 Uhr

Für Fußballfans
Dinamo-Fanshop E 4
Große und kleine Fußballfans kommen nicht umhin, an diesem Schaufenster stehen zu bleiben, lacht sie doch dort die traditionsreiche Zagreber Fußballmannschaft mit ihren blauen Trikots an. Anders als an vielen freien Marktständen wird die Ausstattung des Clubs, bei dem einst auch Mandukić und Modrić gespielt haben, im Original verkauft. Zudem gibt es Vintage-Trikots, Baby-Schuhe und Schnuller, Kalender, Schreibwaren und alles, was das Fanherz höherschlagen lässt.
Jurišićeva 2, T 385 12 09 22 65, www.gnkdinamo.hr, Mo–Fr 9–20, Sa, So 9–15 Uhr

Rote Schirme zum Mitnehmen
Kišobrani Cerovečki B 4
Schon seit 1912 stellt Cerovečki klein bis handtaschengerecht das her, was den Charme des Dolac ausmacht: die traditionellen roten Schirme aus der Zagreber Gegend Šestine. Die kleine Verkaufsboutique des Unternehmens befindet sich in einer Einkaufspassage an der Ilica, passenderweise im Haus des kroatischen Handwerks mit seinem Relief, das an die verschiedenen Handwerksberufe erinnert. Außer den roten Schirmen werden auch Regencapes verkauft, die Rotkäppchen alle Ehre gemacht hätten,

und neben klassischen Schirmen auch Spazierstöcke und eleganter, aus Seide oder Baumwolle gefertigter Sonnenschutz für die flanierende Dame.
Ilica 47, T 385 14 84 74 17, www.kisobrani-cerovecki.hr, Mo–Fr 8.30–19.30, Sa 8.30–14.30 Uhr

Originelles Design-Mitbringsel

Take me home D 4
2013 ist die Idee entstanden, kroatisches und handgemachtes Design von jungen Künstlern in einem Laden vorzustellen. Von New York bis Australien hat man seither von dem kleinen Shop neben der Uspinjača berichtet. Ob Schmuck oder kroatische Spitze in neuem Design, Taschen, T-Shirts oder Tischdecken, oder als Überraschung »Croatia in a box« – im Take me home findet man geschmackvolle Mitbringsel, die es nicht überall gibt.
Tomićeva 4, T 385 17 98 76 32, https://takemehome.hr, Mo–Fr 09.30–20, Sa 10–15 Uhr

KLASSIKER

Viele kroatische Klassiker werden in Supermärkten verkauft: Podravka-Produkte wie Ajvar und Vegeta, Schinken- und Fleischerzeugnisse des Traditionsunternehmens Gavrilović aus dem Zagreber Umland, Hochprozentiges des seit 1862 bestehenden Spirituosenherstellers Badel oder – neben vielen verschiedenen und internationalen Biersorten – das Bier der Zagreber Hausbrauerei Ožujsko. Diese blickt auf 130 Jahre Geschichte zurück und beliefert überall im Land die Pubs. »Žuja je zakon« (Ožujsko ist Gesetz) ist ein Spruch, den jeder Zagreber kennt. Kraš-Schokolade darf natürlich ebenfalls nicht fehlen, genauso wie die Kinderklassiker »Cedevita« – ein Vitaminpulver, das in Wasser aufgelöst wird – und »Čokolino«-Brei (auch von Podravka), den nicht nur Kleinkinder gerne zum Frühstück essen.

MODE, ACCESSOIRES

Nachhaltig und trendig

A'marie C 5
Das 2002 gegründete Modelabel, das mittlerweile auch international erhältlich ist, hat hier seinen Verkaufsladen. Nachhaltige Materialien und Naturtöne, neue Trends in der Bekleidungsindustrie wie das 50 % wasserabweisende Micro-Modal und Lyocell-Stoffe, viel Weiß und modern interpretierte kroatische Klassiker sind das Markenzeichen. Auf Termin sind Maßanfertigungen möglich. Zur Sommerkollektion gehören auch Badeanzüge – man ist ja schließlich ein Land am Meer.
Gunduliceva 19, T 385 14 87 35 24, www.amarie-fashion.com, Mo–Fr 9–20, Sa 9–15 Uhr

Glückbringender Schmuck

Bashota B 4
Fast geht man daran vorbei, nicht ahnend, dass in der altertümlichen, kleinen Boutique nicht nur alter Schmuck verkauft wird, sondern auch originelle Glücksarmbänder und wunderschöne Anhänger mit Zagreber Motiven hergestellt werden. Seit 1924 besteht der traditionelle und mehrfach ausgezeichnete Juwelier, der gleich zweimal an der Ilica vertreten ist.
Ilica 37, T 385 14 83 36 23, https://zlatarnica-bashota.business.site, Mo–Fr 8.30–13 und 16–20, Sa 9–14 Uhr

Konkurrenz für Converse

Borovo Karte 3, B 4
1931 im ostslawonischen Vukovar gegründet, ist Borovo seit jeher das bekannteste Schuhunternehmen der Region. Neben Lederschuhen wurden vor allem Schuhe aus Gummi und Gummituch ein Markenzeichen der Firma. Borovo-Marken waren in sozialistischen Zeiten die Antwort Jugoslawiens auf Birkenstock und Converse: Dienstpersonal trug die Knöchel bedeckenden und an der Ferse atmungsaktiv offenen »Borosana«, Jugendliche schworen auf »Startas«, die im Seemannslook designt und in mehreren Farben erhältlich

waren. Heute werden beide Modelle stylisch neu interpretiert – seit 2015 auch »custom-made« für Filmfestivals, den Spliter Fußballclub Hajduk oder auch die Vertretung der Europäische Kommission in Kroatien.
Ilica 142, T 385 13 70 15 36, www.borovo.hr, Mo–Fr 8–20, Sa 8–15 Uhr

Spitze trifft Street Fashion
Chypka D 4
Omas Spitzendeckchen ist out, denken Sie? Es ist trendiger denn je und wird sogar in cooler Street Fashion verarbeitet. Chypka – abgewandelt von *čipka*, dem kroatischen Wort für Spitze – heißt die seit 2016 bestehende Marke, die das Spitzendeckchen auf Kapuzenshirts und Jogginghosen gebracht hat. Die meisten der Stücke sind eher männlich, aber auch einige weiblichere Noten sind dabei. So ist das schwarz-weiße Chypka-Badehandtuch kürzlich sogar in den dm-Drogeriemarkt eingezogen.
Ilica 14, T 91 224 4557, www.chypka.com, Mo–Fr 9–20, Sa 9–17 Uhr

Hüte wie bei Tiffany's
Hats by Kobali D 4
Katarina, Nada und Marina: Drei Generationen von Modellistinnen und eine hundertjährige Familientradition sind das Erfolgsgeschäft dieses Hutladens, der ausschließlich selbst kreierte Unikate verkauft. Wobei diese durchaus klassisch und vertraut daherkommen können: Falls Sie einmal wie Audrey Hepburn zum Frühstück ins Tiffany (oder wahlweise ins Esplanade) möchten, sollten Sie an diesem Laden nicht vorbei gehen.
Trg Petra Preradovića 1, T 385 98 23 85 86, www.kobali.hr, Mo–Fr 9–20, Sa 9–15 Uhr

Grüße nach Paris
Love, Ana C 3
LA steht in Zagreb nicht für Los Angeles, sondern für »Love, Ana«, den an eine Pariser Boutique erinnernden Laden der jungen Produkt-Designerin Ana Tevšić Nauković. Nicht nur Kleider, die den Stars in Kalifornien gut stehen würden, werden hier verkauft, sondern auch kleine, selbstgefertigte Taschen

Die kroatische Erfindung schlechthin – die Krawatte – gibt es bei Kravata mit landestypischem Schachbrettmuster.

und ein Tuch, das Hermès nur preislich hinterherhinkt. »Wearable design« ist das Motto, kleine Details wie das auf die Schulterpartie eines weißen T-Shirts aufgestickte »Mama« oder »Tata« (Papa) machen die Mode verspielt und einzigartig.
Dežmanov prolaz 4, T 385 15 80 16 75, https://atn.la, Di–Fr 13–20, Sa 10–14 Uhr

Ein Stück Tuch auf Eroberungszug
Kravata D 3
Vielleicht etwas weniger originell, aber erschwinglicher als im eleganten Croata (► S. 42) können Sie hier erwerben, was aus der Männerbekleidung nicht mehr weg zu denken ist: die Krawatte. Diese hat ihren Namen von den ›Halstüchern‹ der kroatischen Reiter im Dreißigjährigen Krieg. Die Marke Kravata verweist auf eine 60-jährige Tradition und verkauft die schmucken Schlipse in traditionellen Mustern, natürlich inklusive dem berühmten kroatischen rot-weißen Schachbrett. Kroaten selbst bezeichnen Krawatten übrigens auch als »Kravata«.
Radićeva 13, T 385 14 85 11 64, www.kravata-zagreb.com, Mo–Sa 9–19 Uhr

Auf eine Rakija!

70 000 Studenten, dazu viele ›Young Professionals‹ und internationale Touristen kommen in Zagreb zusammen. Ein reges Nachtleben ist bei der Kombination vorprogrammiert, zumal viele Zagreber sich einfach gerne auf einen Drink oder zwei treffen. Zum Ausgehen macht man sich eher schick, auch für Tanzabende in Clubs gibt man sich mit seinem Outfit richtig Mühe.

Schick sollte man sich auf jeden Fall kleiden, wenn man in die Zagreber **Oper** möchte. Konzerthallen jeder Größe ergänzen das Angebot, vom klassischen Lisinski zum Mega-Konzert in der Arena Zagreb. Ob Live-Gigs, vom DJ aufgelegt oder vom Band: Neben internationaler ist kroatische Musik populär. So mancher regionale Star tritt auf den Bühnen der Hauptstadt auf, auch bei kleineren Veranstaltungen. Im Sommer verlagern sich die Aktivitäten nach draußen: Bei zahlreichen Festivals und Open-Air-Konzerten liegt in Zagreb meistens Musik in der Luft.

Eine der wichtigsten Ausgehmeilen ist die **Tkalčićeva,** liebevoll ›Tkalča‹ genannt. Von der einst fast ländlich-idyllischen Straße mit den kleinen bunten Häusern hat sich die Tkalčićeva in ein Meer von Café- und Restaurant-Terrassen verwandelt, die meist tagaus, tagein geöffnet sind. Wenn es kalt wird, weicht man auf den oft vorhandenen Wintergarten aus. Daneben gibt es Sportbars, Lokale, in denen man den heimischen Schnaps *(rakija)* trinken kann, oder auch schickere Adressen für einen Aperol Spritz oder Cocktail.

HINKOMMEN

Die meisten Adressen liegen im Stadtzentrum und sind dadurch gut zu Fuß erreichbar. Ansonsten finden Sie auf den folgenden Buchseiten neben den Öffnungszeiten eine Info zur Tramlinie.

Alternativen zur Ausgehmeile: Wem es in der Tkalčićeva zu umtriebig ist, wählt alternativ die Gegend um den **Cvijetni trg,** den **Britanac** oder das **Studentenviertel** an der **Savska** (► S. 41, S. 48 und S. 52).

Die Tkalčićeva bietet viele Ausgehmöglichkeiten.

BARS & KNEIPEN

Unter den Top 3 in Kroatien

Dežman Mini Bar C 3

2015 wurde das Dežman gegründet mit der Ambition, eine Bar nach Pariser oder Londoner Vorbild zu schaffen: Von morgens bis in die Nacht hinein sollte man stilvoll trinken und essen können. Das Vorhaben wurde mehr als nur erfüllt. Ein Jahr nach der Gründung kam die Mini-Bar dazu, welche bereits dreimal hintereinander unter die Top 3 der Bars in Kroatien gewählt wurde. Zum Ambiente gesellt sich Professionalität: Man kann den Barkeepern dabei zuschauen, wie sie einen ›Throw‹ performen oder mit ›Fat washing‹ die besonderen Aromen der Drinks herausholen. Der Mojito kommt hier als »Clear Mojito« klar daher, während es grün wird, wenn der »Grass is Greener«-Cocktail mit finnischem Kyrö-Gin gemischt wird.

Dežmanova 3, T 385 14 84 61 60, www.dezman.hr, Mo–Sa 8–24 Uhr

Tickende Teekessel

Mr. Fogg H 4

Jules Vernes reiselustiger Entrepreneur stand Pate für diese Bar. Man sitzt in samtenen Vintage-Sesseln wie die Mitglieder des Clubs, in dem der Protagnoist des Romans »In 80 Tagen um die Welt«, Phileas Fogg, seine berühmte Wette einging. Eine Weltkarte hängt oben an der Decke und lädt gedanklich zur Mitreise um die Welt ein, überall ticken Zahnräder – zur Überprüfung natürlich, ob Mr. Fogg pünktlich nach 80 Tagen von seiner Erdumrundung zurück sein wird … In dieser Bar kann man stilecht Gin trinken, Cocktailkreationen aus aller Welt probieren, oder einfach – very British – den Tag mit einer guten Kanne Tee einläuten.

Martićeva 31, IG: @bar_mr.fogg, Mo–Sa 7–24, So 8–24 Uhr

Klassisch mit Kuchen

Velvet C 3

Direkt neben dem Dežman ist auch das Velvet ein Café für den ganzen Tag, aber genauso ein gemütlicher Ort für einen Aperol, Gin oder Hugo am Abend. Das klassische Ambiente mit Thonet-Stühlen und Kronleuchtern wird ergänzt durch Bücher- und Bilderwände, im Sommer sitzt man schön neben Hortensien, und an der Theke locken leckere Kuchen, die Kindheitserinnerungen wecken. Das Café gibt es schon seit über 40 Jahren (wobei es freilich im Laufe der Zeit die eine oder andere Erfrischungskur mitgemacht hat).

Dežmanov prolaz 9, T 385 14 84 67 43, https://velvet.hr, tgl. 8–22 Uhr

Cocktail in der Nachbarschaft

Peaches & Cream Bar Karte 3, B 5

Im Studentenviertel, unweit des Trešnjevka-Marktes (▶ S. 101), mischt seit April 2021 eine der angesagtesten Cocktailbars der Stadt das Viertel auf. Peaches & Cream ist nicht nur der Name der Bar, sondern auch Programm, wenn es um dezente Farbakzente in der Getränkewand und bei den Cocktails geht. »Heißer Asphalt« (Vrući Asfalt) heißt eine der Sommerkreationen, im Herbst zaubern die stets gut gelaunten Barkeeper stilisierte Blätter auf den Cocktailschaum.

Krapinska ulica 8, T 385 993 00 69 69, IG: @peaches_and_cream_bar, Mo–Sa 8–24 Uhr, Tram 12 bis Trešnjevački trg

CLUBS MIT DJ

Vom Gefängnis in den Himmel

Alcatraz/All Saints/Confusion E 3

Ähnlich wie das History weiter unten in der Straße Tkalčićeva ist auch der Alcatraz-Club Teil eines Konzepts: mit dem Café Confusion unten, dem Alcatraz in der Mitte und dem Restaurant All Saints im Obergeschoss (letzteres muss natürlich dem Namen entsprechend im Himmel sein, wo bekanntermaßen all die Heiligen sind …). Neben thematischen DJ-Abenden gibt es gute Cocktails und einen Balkon mit Blick auf das Treiben in der Tkalčićeva.

Tkalčićeva 15, T 385 98 57 87 00, www.confusion.hr, tgl. 20–4 Uhr

Während man auf der Terrasse des Bacchus im Grünen entspannen kann, ist das Kellergewölbe der Ort für chillige Jazz-Konzerte.

Wie die Straße zum Village wurde

History E 2

Das History war eine der ersten Adressen in der Tkalčićeva, die expandierten. Direkt neben dem Aufgang zum Opativina-Park ist dadurch eine ziemlich massive History-Wand entstanden: das ›History Village‹. Café, Taverne, Bar und Club sind auf vier Ebenen verteilt. Im Club gibt es Cocktails und von DJs gemischte Musik, in der Bar Sportübertragungen und Street Food.

Tkalčićeva 68, T 385 916 46 41 65, http://history.hr, So–Do 7–2, Fr, Sa 7–4 Uhr

Vom Kaffeehaus zur Cocktailbar

Johann Franck E 4

Shooter in allen Farben des Regenbogens, Bitter Spritz und Espresso Martini, einheimische Spirituosen und einige wenige Mocktails werden abends an der zentralen Stelle der Stadt im ehemaligen Städtischen Kaffeehaus serviert. Dazu gibt es zuweilen auch Live-Gigs kroatischer Künstler oder DJ-Musik zu verschiedenen Stilrichtungen: »Balcanica«-Abende mit Balkan-Pop, Latino-Fieber bei »Fuego«-Events, »Jazz & Pop«-Nächte oder aber auch Deep House – für alle, die es elektronischer mögen. Das genaue Programm wird auf der Website angekündigt.

Trg bana Josipa Jelačića 9, T 385 917 83 81 53, https://johannfranck.hr, Mo–Do 8–24, Fr, Sa 8–4, So 9–24 Uhr

Schnaps muss sein

Rakhia E 2

Bei Familienzusammenkünften heißt es vor oder nach einem guten Essen: Schnaps her! Wobei es neben der bekannten Šljivovica noch jede Menge Wässerchen gibt. *Rakija* heißen diese Spirituosen zusammen, und probieren kann man sie – unter anderem – in der Bar Rakhia, die neben Schnaps auch alle klassischen anderen Getränke serviert und zudem abends zum Club wird. Mittwochs zum Beispiel ist »Trash night«, daneben gibt es aber auch besondere Partymottos, zum Beispiel zum Abschluss des Sommersemesters. Tagsüber kann man in fantasievoller ›Alice im Wunderland‹-Atmosphäre seinen Kater am Kaffeehaustisch auf bunten Stühlen kurieren.

Tkalčićeva 45, 10–24 Uhr, T 385 993 48 37 98, IG: @rakhiabarzagreb, tgl. 10–22 Uhr

KULTURZENTREN UND LIVE-MUSIK

Ein Hinterhof wie in Berlin

Bacchus Jazz Bar E 7

Der Hinterhof, in dem die Bacchus Jazz Bar sich versteckt, ist ein wenig so, wie man sich Berlin kurz nach der Wende vorstellt. In dem zwischen Hauptbahnhof und Kunstpavillon liegenden, gemütlichen Jazz-Keller mit Café und Terrasse finden regelmäßig Jam Sessions, inklusive Swing und Gipsy Jazz, manchmal auch Quiz-Abende statt. Man kann jederzeit kommen, um im Kellergewölbe oder auf der efeubegrünten Terrasse etwas zu trinken. Im Winter gibt es übrigens hervorragende heiße Schokolade-Spezialitäten, auch in veganer Variante.

Trg kralja Tomislava 16, auf Facebook, Mo–Fr 9–24, Sa 10–24, So 16–24 Uhr

Mit eigenem Radio

Kulturni centar Mesnička C 3

Das KCM, wie das Zentrum kurz heißt, ist weit mehr als nur ein Café und ein Club. Es ist Ausstellungsraum, Bühne für Live-Konzerte und betreibt zudem eine eigene Radiostation, die 2020 zu Ehren des Geburtstags von Nikola Tesla ins Leben gerufen wurde. Das KCM liegt direkt neben dem Eingang zum Grič-Tunnel und es ist fast egal, wann man hierherkommt – jeden Tag ist etwas los. Bordeaux-Töne, Ohrensessel und eine Bücherwand verleihen den Räumlichkeiten eine gemütliche Atmosphäre.

Mesnička 12, kcm-club.net, donnerstags rund um die Uhr, sonst bis 22 Uhr geöffnet

In Jugenderinnerungen versumpfen

Močvara Karte 3, C 7

Schick anziehen? Vergessen Sie es! In die Močvara (wörtlich: Sumpfgebiet) an der Save kann jeder kommen, wie er/sie ist. So manche Jugenderinnerungen werden hier wach. Nein, schick ist der Club wirklich nicht, ihm haftet eher ein Hauch von sozialistischem Freizeitclub an. Es gibt Livemusik (Metal und Hard Core Punk), manchmal auch »Dirty Dancing«-Partys. Das Bier ist billig, der Barkeeper langsam, aber der Nostalgietrip ist es definitiv wert.

Trnjanski nasip, T 385 16 15 96 67, www.mochvara.hr, tgl. 17–24 Uhr, vom Jelačić-Platz Tram 6 oder 13 bis Kvartenikov Trg, dann Bus 220 Richtung Dugave, bis N.S.knjižnica

Country, Rock & Rockabilly

Route 66 Zagreb Karte 3, C/D 6

Mehr als nur einen Hauch von Amerika verbreitet dieser Club auf dem Weg ins Neue Zagreb. Mit Holz an den Wänden, Cadillacs und Motorrädern vor der Haustür und Live-Bands, die mal abrocken, mal für bluesige Stimmung sorgen, ist die Bar Route 66 ein Pflichtstopp für jeden Rocker. Hier ist der Ort für Johnny-Cash-Tributes, Rockabilly-Partys oder Jukebox-Abende. Wer lieber draußen sitzen möchte, kann sich über den großen Biergarten und eine gute Getränkeauswahl freuen.

Paromlinska Cesta 47, T 385 16 11 87 37, IG: @route66zagreb, Mo–Sa 16–24 Uhr

KINO

Gute Nachricht für Kinofans, die auch im Urlaub nicht auf den Kinobesuch verzichten wollen: In Kroatien werden Filme nicht synchronisiert, sondern im Original mit Untertiteln gezeigt. In Zagreb gibt es zudem einige Programmkinos, Filmfestivals und ein ganz außergewöhnliches Open-Air-Kino: eine Freilichtbühne mitten im Wald, und doch in der Stadt, das **Summer Stage Tuškanac.** Das dazugehörige **Kino Tuškanac** ist neben dem **Kino im Studentenzentrum (Kino SC)** ein Austragungsort des **Zagreb Film Festivals,** das jährlich im Herbst stattfindet. Das Kinoprogramm und alle Kinos sind auf der Website »Idemo u Kino« (»Wir gehen ins Kino«) www.idemoukino.com/ gelistet. Infos zum Zagreb Film Festival gibt es hier: https://zff.hr/.

WICHTIGE EVENTS

Veranstaltungskalender:
www.infozagreb.hr/events
www.infozagreb.hr/summerbuzzg-de

Sommerfestivals:
www.infozagreb.hr/summerbuzzg-de
Ljeto na Štrosu (Strossmartre ► S. 36): www.ljetonastrosu.com
InMusic Festival (Jarun ► S. 84): www.inmusicfestival.com
Summer Pop up Garden (Bundek ► S. 84): popupgarden.org
Cest is d'best (überall in der Stadt): www.cestisdbest.com

Winterfestivals:
Lichterfestival: www.festivalsvjetlazagreb.hr
Advent in Zagreb: www.adventzagreb.hr

Jetzt tanzen alle Puppen:
Seit über 50 Jahren schon gibt es das PIF. Gegründet als Esperanto-Initiative, führt es jährlich Puppenspieler aus aller Welt zusammen – wobei die Puppen durchaus überlebensgroß sein können und in der ganzen Stadt umherziehen (www.pif.hr).

Talentschmiede

Sax! F 5

Seit über zwei Jahrzenten kann das Sax! mit Fug und Recht behaupten, der musikalischste Keller der Stadt zu sein. Der Club, in dem Live-Musik aller Richtungen zu hören ist – Blues, Chansons, Country, Ethno, Funk, Fusion, Hip Hop, Jazz, Pop, Rap, Reggaeton und Rock –, ist berühmt für seine Zusammenarbeit mit kroatischen und internationalen Künstlern. Manch einer hat hier seine Karriere begonnen, zum Beispiel mit dem Programm »Creative Music Collective« oder »New Croatian Jazz«. Jeden Freitag treten beim kultigen Clubprogramm »Cooganje« Coverbands auf, seit 2021 legen beim »Step UP« DJs in Residence Tanzmusik diverser Genres auf.

Palmotićeva 22/2, T 385 14 87 28 36, www.sax-zg.hr, tgl. 20–4 Uhr

Kulturfabrik mit großer Konzerthalle

Tvornica Kulture J 6

Mitten im Design Distrikt (► S. 65) ist die Tvornica Kulture (dt. Kulturfabrik) der Ort für Live-Konzerte, After-Show-Partys und Clubnächte mit DJs. Während die kleine Halle (mali pogon) mit ihrem industriellen Touch tagsüber als Café fungiert, ist die 1800 Plätze große Haupthalle (veliki pogon) einer der wichtigsten Veranstaltungsorte des Landes. Hier ist kürzlich auch die schräge, intellektuelle serbische Performance-Musikerin Konstrakta aufgetreten, die manche noch vom Eurovision Song Contest in Erinnerung haben.

Šubićeva 2, T 385 14 67 83 89, www.tvornicakulture.com, Öffnungszeiten Café: Mo–Fr 7–24, Sa, So 8–24 Uhr

Mit VIB-Garten

Vintage Industrial Bar

Karte 3, B 7

In einer ehemaligen Knopffabrik im Studentenviertel angesiedelt, ist die Vintage Industrial Bar nicht nur wegen ihres industriellen Designs beliebt, sondern auch wegen der gemütlichen Terrasse, auf der im Sommer je nach Thema z.B. die Musik von Depeche Mode, Queen oder Nina Simone erklingt. Auch Quizabende finden statt, genauso wie 80er- und

90er-Partys. Die VIB-Gartensaison dauert bis Oktober, doch vorbei ist die Feierei damit noch lange nicht. Sobald es kalt wird, wird das Geschehen einfach in die Halle verlagert und das Programm weitet sich aus auf Theatervorführungen und Buchvorstellungen.

Savska cesta 160, T 385 14 81 93 75, www.vintageindustrial-bar.com, tgl. 9–24 Uhr, Tram 4 ab Jelačić-Platz oder 14 ab Hauptbahnhof, bis Haltestelle Savski Most

GROSSVERANSTALTUNGEN

Architektur-Stern

Arena Zagreb Karte 4, C 3

Die für die Handball-WM 2009 gebaute Mehrzweck-Halle in Novi Zagreb ist in ihrer vollen Größe auch schön vom Jarun aus sichtbar. Im Jahr ihrer Entstehung wurde ihr übrigens gleich eine Auszeichnung verliehen: Für ihre rippenartige Konstruktion bekam sie beim World Architecture Festival den Preis für Strukturelles Design. Neben Sportveranstaltungen treten hier die Stars und Legenden des Musikgeschäfts auf: Iron Maiden, Kiss, Sting, The Cure und Celine Dion kamen 2022 in die 22 400 Plätze umfassende Halle. Die 2Cellos gaben in der Arena nicht nur ihr Heimspiel, sondern auch das Abschiedskonzert ihrer gemeinsamen Karriere.

Ulica Vice Vukova 8, T 385 16 42 09 00, www.zagrebarena.hr

Vom Song Contest zur Klassik

Lisinski Karte 3, D 5

1989 wurde hier der erste und letzte Eurovision Song Contest aus Jugoslawien ausgetragen, heute empfängt die Halle neben kroatischen Stars vor allem klassische Musiker. »Lisinski subotom« ist eine samstags stattfindende Reihe mit Symphonie-Orchestern aus aller Welt, bei dem zuweilen auch der international bekannte kroatische Pianist Ivo Pogorelić auftritt.

Trg Stjepana Radića 4, T 385 16 12 11 66, www.lisinski.hr, Ticketverkauf Mo–Fr 10–14 und 15–20, Sa 10–14 Uhr

Coole, schräge Gitarrensounds, die ins Ohr und die Tanzbeine dringen, und ganz viel Spaß auf der Bühne: Deep Purple bei ihrer »Long Goodbye Tour« in der Arena Zagreb.

Hin & weg

ANKUNFT

...mit dem Flugzeug
Franjo Tuđman Airport (ZAG): Karte 4, D 3.
Flugauskunft: T (00385) 60 32 03 20, www.zagreb-airport.hr
Transfer in die Stadt: Der Flughafen Franjo Tuđman Airport befindet sich 17 Kilometer vom Stadtzentrum entfernt in der Nähe des Zagreber Vororts Velika Gorica. Ein Linienbus der Zagreber Verkehrsbetriebe ZET (Zagrebački Električni Tramvaj) mit der Nummer 290 verkehrt alle 35 Minuten zwischen Velika Gorica und der Stadt. Der Bus hält an 20 Bushaltestellen, bis zur Endhaltestelle Kvaternikov Trg. Von dort aus sind es mit der Straßenbahn 7 Minuten bis zum Jelačić-Platz (Linien 11, 12, 13, 14, 17). Die Fahrt geht über 2 Tarifzonen und kostet ca. 2 €. Website: www.zet.hr. Das am Flughafen ansässige Unternehmen Pleso Priijevoz bietet zudem Shuttlebusse an, die zum Zagreber Busbahnhof fahren. Von dort sind es 6 Minuten bis zum Jelačić-Platz (Linien 6, 13, 17). Die Fahrt zum Busbahnhof dauert 35–40 Minuten und kostet ca. 7 €, https://plesoprijevoz.hr/zagreb.

Egal ob Bus, Tram oder Seilbahn: alle Verkehrsmittel der Zagreber Verkehrsbetriebe sind blau.

Parken am Flughafen: Der öffentliche Parkplatz kostet 4 € pro Stunde. Daneben gibt es eine Kiss&Fly-Zone in der oberen Ebene des Flughafens, bei der die ersten 10 Minuten kostenlos sind (danach 4 €). Die maximale Parkzeit in dieser Zone beträgt 59 Minuten. Wer länger bleibt, riskiert eine Geldstrafe von 20 € oder abgeschleppt zu werden.
Taxi: Eine Taxifahrt vom Flughafen zum Zentrum sollte ca. 30 € kosten. Es verkehren zahlreiche private Taxiunternehmen: Cammeo Taxi (01 2121 212), Eko Taxi (01 5499 474) und Radio Taxi (1717) sind die beliebtesten.
Rent-a-car: Sollten Sie einen Mietwagen benötigen, haben Sie am Flughafen mehrere Unternehmen zur Auswahl: Alamo, National, Enterprise, Avis, Budget, Payless, Hertz, Firefly, Avant, Last Minute, Dollar Car Rental, Thrifty Car Rental, Nova Rent a Car, Right Car, M.A.C.K., Europcar, Active, Avia und Oryx. Aber Achtung: Mietwagen sind teuer und lohnen sich nicht, wenn Sie nur in Zagreb bleiben.

...mit dem Zug
Wer mit dem Zug anreist, hat mehrere Vorteile: Man ist direkt im Zentrum und bekommt am Bahnhofsvorplatz gleich den schönsten Ausblick auf die Stadt (▶ S. 58). Internationale Verbindungen gibt es nach Budapest (6 Stunden), Ljubljana (2,5 Stunden), München (8,5 Stunden), Venedig (7 Stunden), Wien (7 Stunden), Salzburg (7 Stunden) und Triest (4,5 Stunden) – von München und Wien aus sogar als Nachtzug buchbar. Das innerkroatische Eisenbahnnetz ist dagegen noch deutlich ausbaufähig. So gibt es zwar direkte Verbindungen nach Rijeka (4,5 Stunden) und Split (6,5 Stunden), diese dauern aber ungleich länger als mit dem Auto oder Bus … Und kroatische Züge sind nicht die neuesten. Fahrplaninfos: https://prodaja.hzpp.hr/en.

...mit dem Bus
Busreisen: sind in Kroatien seit jeher beliebt, um andere Länder zu

erkunden. Zagreb–Ljubljana–München oder Zagreb–Berlin oder Dortmund–Zagreb–Dubrovnik sind nur einige der möglichen Verbindungen, die über den Zagreber Busbahnhof gehen. Genauere Informationen, auch über die einzelnen Busunternehmen, gibt die Website des Busbahnhofes: www.akz.hr/en.

...mit dem Auto

Parken: ... in der Innenstadt von Zagreb ist eher schwierig, es sei denn, Ihr Hotel hat einen Parkplatz. Das Parksystem ist, grob gesagt, eingeteilt in 3 Zonen: Zone I im engen Innenstadtbereich (pro Stunde ca. 2 €), Zone II jenseits der Bahngleise (pro Stunde ca. 1 €), Zone III Richtung Save (pro Stunde ca. 0,5 €). Bezahlen können Sie außer am Parkautomaten mit der App ZgPark. Eine Liste der Straßen je Zone und alle öffentlichen Parkplätze sind auf der Seite www.zagrebparking.hr aufgeführt.

Kroatien hat zum 1. Januar 2023 den **Euro** eingeführt. Bei der Recherche für diesen Reiseführer wurden die meisten Preise noch in Kuna (HRK) angegeben. Um dennoch eine Idee für die Preise geben zu können, wurde der festgesetzte Wechselkurs (1€ = 7,53450 HRK) als Richtwert genommen und aufgerundet. Die genannten Beträge gelten daher nur unter Vorbehalt. Als Zahlungsmittel werden übrigens meistens **Karten** akzeptiert. Ansonsten gibt es **Geldautomaten** an fast jeder Ecke.

Informationen

Touristinformation

Stadt: www.infozagreb.hr. Das zentrale Besucherzentrum des Zagreber Tourismusbüros befindet sich am Jelačić-Platz, daneben gibt zwei kleinere Info-Stellen, eine im Flughafen und eine im Lotrščak-Turm in der Oberstadt. Nützlich sind auch die in der Touristinformation ausliegenden Broschüren und das TimeOut-Magazin, die Sie kostenlos mitnehmen können. Hier bekommt man auch die Zagreb Card (▶ S. 113) für Vergünstigungen in Museen, im Zoo und beim Shopping.

Flughafen: T 385 162 65 09, airport@infozagreb.hr, tgl. 7–22 Uhr

Jelačić-Platz: Trg bana Josipa Jelačića 11, T 385 148 140 51, -52, -54, info@infozagreb.hr, Mo–Fr 9–20 Uhr

Lotrščak: Strossmayerovo šetalište, T 385 14 85 15 10, lotrscak@infozagreb.hr, Di–Fr 9–20, Sa, So 11–20 Uhr

Zagreb im Internet:

www.infozagreb.hr: Die offizielle Website des Zagreber Tourismusverbands gibt – auch auf Deutsch – einen guten Überblick über alles, was Sie bei Ihrem Aufenthalt in Zagreb wissen müssen. Unter der Rubrik »Entdecke Zagreb« sind gute Stadtführungen aufgelistet, darunter zahlreiche Touren mit dem Fahrrad.

www.meetinzagreb.hr: Für Geschäftsreisende hat der Zagreber Tourismusverband eine eigene Internetseite eingerichtet. Hier stehen Konferenzen und Möglichkeiten zur Buchung von Tagungsräumen im Vordergrund, aber auch Themen wie Digital Nomads oder Co-Working werden behandelt.

www.lovezagreb.hr: Zagreb ist die Stadt der tausend Herzen. Geschichten rund um die Stadt und ihre Sehenswürdigkeiten, erzählt von Einheimischen, werden auf dieser ebenfalls vom Zagreber Tourismusverband betriebenen Seite vorgestellt. Wie wird man ein Zagreber (und das nicht nur im bürokratischen Sinne)? Was erlebt man, wenn man mit der Tramlinie 11 fährt? Unterhaltsam und lesenswert – Zagreb zum Verlieben!

www.aroundzagreb.hr: Bildreiche Artikel und Videos zum Erkunden der Stadt und ihrer Umgebung bietet die Website »Around Zagreb«, auch auf Deutsch. Kaum eine Ecke bleibt dabei unentdeckt. Untermalt wird das Ganze mit interessanten Fakten und Ausflugsideen.

travelhonestly.com: Die Bloggerin Andrea Pisac ist wohl eine der besten Botschafterinnen ihrer Stadt. Auf diversen Kanälen und auf der Website Travel honestly veröffentlicht sie u.a. 101 Tipps für Zagreb sowie Vlogs zu verschiedenen Themen. Auch zwei Rezeptbücher hat die Zagreberin geschrieben.
zagreb.croatia.hr: Unter dem Motto »Croatia full of life« zeigt die Website des kroatischen Tourismusverbandes anhand von eindrucksvollen Bildern in unterschiedlichen Rubriken die vielen Seiten von Zagreb auf. Besonders nützlich ist die Rubrik »Zagreb in 72 Stunden«, daneben gibt es noch die »Zagreb Top 10«, »Green Zagreb« und »Hidden Zagreb« – die Seiten sind leider nur teilweise in anderen Sprachen als Kroatisch oder Englisch verfügbar.
www.visitzagreb.hr: nur auf Englisch; in Zusammenarbeit mit »Get your free guide«, entsprechend leiten viele Links zu den Touren von »Get your free guide« weiter. Die Website enthält zwar nützliche Informationen und gute Themenseiten, ist jedoch nicht in allen Bereichen auf dem neuesten Stand.

REISEN MIT HANDICAP

Deutsche Botschaft: Hier sind alle wichtigen Informationen zu Barrierefreiheit in Zagreb zusammengefasst (https://zagreb.diplo.de/hr-de/botschaft/barrierefreiheit/2075152. Der kroatische Behindertenverband SOIH kann erreicht werden unter www.soih.hr/).

SICHERHEIT & NOTFÄLLE

Zentrale Notfallnummer: T 112
Ambulanz: T 194, Feuerwehr: T 193, Polizei: T 192
Pannenhilfe (Kroatischer Autoclub): T 385 119 87
Botschaften: Deutschland: Ulica grada Vukovara 64, T 385 16 30 01 00, https://zagreb.diplo.de, Österreich: Radnicka cesta 80, 9. Stock (Zagreb-Tower), T 385 14 88 10 50, www.bmeia.gv.at/oeb-agram, Schweiz: Ulica Augusta Cesarca 10, T 385 14 87 88 00, www.eda.admin.ch/zagreb
Kreditkarten-Sperrung: T 0049 116 116 (für Konten in Deutschland, ansonsten über Ihre jeweilige Bank)

UMWELTFREUNDLICH UNTERWEGS

Öffentliche Verkehrsmittel: Im Zagreber Stadtzentrum sind die meisten Sehenswürdigkeiten, Restaurants und Einkaufsmöglichkeiten gut zu Fuß erreichbar. Für weitere Strecken empfiehlt sich die Straßenbahn, die auf der Ilica bis zur Endhaltestelle Črnomerec fährt und auch die meisten Stadtviertel bedient. Sie ist das älteste Verkehrsmittel der Stadt, wurde 1891 eingeführt und umfasst 19 Linien: 15 für den Tagesverkehr und 4 für den Nachtverkehr. Stadtviertel, in denen keine Straßenbahnen verkehren, werden mit dem Bus bedient. Daneben gibt es die historische Stadtseilbahn Uspinjača, die genau wie Bus und Tram von den Zagreber Verkehrsbetrieben ZET betrieben wird, und auch den Sessellift, der hoch hinauf auf den Berg Sljeme fährt. Fahrkarten erhält man üblicherweise an Zeitungskiosken neben den Haltestellen. Eine Einzelfahrkarte, die 1 Stunde gültig ist, kostet ca. 1 €. Daneben gibt es 30-Minuten-Tickets (ca. 0,60 €) und Tagestickets (ca. 4 €). Achtung: Nachts gelten andere Tarife. Dann kostet die Fahrkarte ca. 2 €. Daneben gibt es sogenannte Werttickets (Vrijednosna karta), die von mehreren Passagieren gleichzeitig genutzt werden. Mit einem Wertticket von 1,33 € kann man unabhängig von der Fahrtrichtung 90 Minuten lang in der 1. Zone mit der Straßenbahn, dem Bus und der Standseilbahn fahren. Schwarzfahrer dagegen müssen mit satten Geldstrafen von 70 bis 100 € rechnen.
Rad fahren: Abgetrennte Fahrradwege sind aufgrund der Architektur der Straßen eher schwierig, weshalb Fahrräder auch auf Gehwegen fahren dürfen. Konflikte gibt es allerdings selten: Allzu verbreitet ist das Fahrradfahren in der

Taxifahren ist in Zagreb relativ günstig und dadurch ziemlich beliebt, gerade, wenn man in größeren Gruppen unterwegs ist. Neben den privaten Taxiunternehmen (siehe unter »Ankunft«) gibt es auch Uber oder Bolt, die beide wie Taxis ausgeschildert werden müssen.

Hauptstadt noch nicht (und wie gesagt, in der engeren Innenstadt mit ihren Hügeln ist es meistens besser, einfach zu laufen).

Leihfahrräder: Über die ganze Stadt verteilt hat NextBike Fahrräder aufgestellt, die an den 21 Stationen per App gebucht und an einer beliebigen anderen Station wieder abgegeben werden können. Eine interessante Option, um z.B. nach Novi Zagreb oder an die Save zu fahren. Infos, auch auf Deutsch: www.nextbike.hr. Über ZagrebByBike können Sie Blue Bikes buchen, die Sie für 4 Stunden bis zu 1 Woche behalten können. Ein Tag kostet 13 €, eine Woche 108 €. Auf Nachfrage können auch Kinderfahrräder oder Mountainbikes gemietet werden. ZagrebByBike bietet zusätzlich diverse thematische Fahrradtouren an, auch mit dem E-Bike: www.zagrebbybike.com.

STADTRUNDFAHRTEN UND -FÜHRUNGEN

Stadtrundfahrten: Der Startpunkt des Hop-On-Hop-Off-Panoramabusses liegt an der Palmotićeva 2. Von dort aus geht es über den Zrinjevac zum Hauptbahnhof und weiter am Grünen Hufeisen (Halt: Mažuranić-Platz) entlang hoch zur Oberstadt, zum Kaptol und Mirogoj (www.zagrebcitytour.com, 17,50 €/8 € Erwachsene/Kinder von 6–13 Jahren, gültig 24 Std., tgl. um 10, 11.15, 12.30, 14 und 15.30 Uhr). Eine Fahrt ohne Unterbrechung dauert ca. 65 Minuten.

Stadtführungen: Das Unternehmen ZagorkaTours bietet neben thematischen Stadtrundgängen 3-stündige Gruppenführungen (mit Bus und zu Fuß) für 11–45 Personen an (Preis pro Gruppe ca. 120 €, www.zagorkatours.eu). Mit Secret Zagreb Walks können Sie die Stadt nach bestimmten Themen ablaufen: Mirogoj-Tour, »Real City«-Tour durch Novi Zagreb, literarische Tour mit dem »Secret Zagreb Book Club«, … Mein persönlicher Favorit: die »Badass Women of Zagreb«-Tour. Denn: Zagreber Frauen sind und waren genauso erfinderisch, erfolgreich und wegweisend wie die Männer der Stadt. Wer mehr über die Architektur aus sozialistischen Zeiten erfahren möchte, kann einen Besuch in Novi Zagreb (► S. 75) mit einer Fahrt im alten Yugo-Auto verbinden (www.tripadvisor.de/AttractionProduct-Review-g294454-d23181963-Back_to_Yugoslavia_Private_City_Tour_in_Old_Timer_Yugo_Car-Zagreb_Central_Croatia.html; weitere Einblicke gibt auch die Website www.ostarchitektur.com/buildings/croatia/zagreb/index.html). Weitere Stadtführungen zu diversen Themen ► S. 82, S. 83.

VERGÜNSTIGUNGEN

Zagreb Card: Die Zagreb Card gilt je nach Wahl für 24 Stunden (ca. 13 €) oder 72 Stunden (ca. 18 €) und umfasst die öffentlichen Verkehrsmittel (Zone I) sowie kostenlose Eintritte für das Museum für zerbrochene Beziehungen, das Museum für Zeitgenössische Kunst, das Museum der Stadt Zagreb und den Zagreber Zoo. Bei vielen weiteren Museen bekommt man ermäßigten Eintritt, ebenso bei einigen Hotels, Restaurants, Shops, der Zagreber Messe, Escape Rooms und Auto- sowie Fahrradvermietungen (BlueBike, NextBike). Aufgelistet sind die Teilnehmer auf der Zagreb-Card-Website: http://zagrebcard.com. Die Zagreb Card ist erhältlich beim Zagreber Tourismusverband oder kann online über die teilnehmenden Hotels gebucht werden.

O-Ton Zagreb

Hallo, aber auch: Tschüss!

Jako dobro!

Sehr gut!
Auch im Sinne von: sehr lecker

OPROSTI/OPROSTITE

Entschuldigung/Entschuldigen Sie

Alles okay.

PURGER

Bürger
Waschechte Zagreber nennt man/nennen sich so.

Kaj?

Was?
Das Fragepronomen der Zagreber schlechthin. Mehr Zagreber Slang mit kaj: nekaj (etwas), nikaj (nichts), zakaj (warum).

Schwindel, Schwindelei

Gepek

Kofferraum
... während ›Koffer‹ einfach ›kofer‹ heißt

Hladno pivo

Kaltes Bier

Kako si?

Wie geht es dir?

Molim te/Molim vas

Ich bitte dich/Sie
Kann ich bitte haben

Das Klima im Blick

Reisen bereichert und verbindet Menschen und Kulturen. Wer reist, erzeugt auch CO_2. Der Flugverkehr trägt in erheblichem Maße zur globalen Erwärmung bei. Wer das Klima schützen will, sollte sich – wenn möglich – für eine schonendere Reiseform entscheiden oder die Projekte von atmosfair unterstützen. Flugpassagiere spenden einen kilometerabhängigen Beitrag für die von ihnen verursachten Emissionen und finanzieren damit Projekte in Entwicklungsländern, die dort den Ausstoß von Klimagasen verringern helfen (www.atmosfair.de). Auch die Mitarbeiter des DuMont Reiseverlags fliegen mit atmosfair!

Abbildungsnachweis

laif, Köln: S. 32 (eyevine/Miso Lisanin Xinhua); 100 (eyevine/Pixsell Xinhua/Zeljko Lukunic); 12/13, 22 (hemis/Bertrand Gardel); 80, 86, 106 (Le Figaro Magazine/Eric Martin); 68 (robertharding/Kav Dadfar)
Marija Gašparović, Zagreb (HR): S. 66
Mauritius Images, Mittenwald: S. 41 (Alamy/Alamy Stock Photos/Alen Ferina); 78/79 (Alamy/Alamy Stock Photos/Atletić Zvonimir); 16/17 (Alamy/Alamy Stock Photos/Goran Jakuš); 45 (Alamy/Alamy Stock Photos/Gunter Kirsch); 120/2 (Alamy/Alamy Stock Photos/History and Art Collection); Umschlagklappe hinten (Alamy/Alamy Stock Photos/Juha Puikkonen); 120/7 (Alamy/Alamy Stock Photos/K. J. Donell); 62 (Alamy/Alamy Stock Photos/Kemal Taner); 120/9 (Alamy/Alamy Stock Photos/Keystone Press); 120/3, 120/5 (Alamy/Alamy Stock Photos/Pacific Press Media Production Corp.); 120/4 (Alamy/Alamy Stock Photos/Panther Media GmbH); 120/8 (imagebroker/Uwe Kraft); 83 (robertharding/Kav Dadfar); 77 (Travel Collection/Gerald Hänel)
Patricia Fridrich, Laeken: S. 31 o., 51, 52
picture-alliance, Frankfurt a. M.: S. 71 (Pixsell/Igor Soban); 49 (Pixsell/Josip Regovic); 88, 93 (Pixsell/Sanjin Strukic); 4 o. (Zoonar/Gunter Kirsch)
Shutterstock, Amsterdam (NL): S. 98 (amirraizat); 29 (Anamaria Mejia); 8/9 (BalkansCat); 44 (Barbarajo); 24 (Codegoni Daniele); 4 u., 14/15, 53 (DarioZg); 34 (Dubravko Grakalic); 120/1 (Elena Solodovnikova); 57 (Eleseus); 40, 103 (Finn stock); 94 (GK1982); Umschlagklappe vorn, 43, 58, 75, 120/6 (Ilija Ascic); 56 (INTREEGUE Photography); 48, 109 (Ivica Drusany); 104 (joyfull); 31 u. (Julie Mayfeng); 110 (Leonid Andronov); 72 (Mare Helena); 36 (Matyas Rehak); 64 (Miroslav Posavec); 97 (Natalia Deriabina); 90 (paul prescott); 20 (tottoto); 25 (Ungvari Attila); 85 (Viktoriya Krayn); Umschlag, Faltplan (xbrchx); 7, 28, 37, 60 (Zdravko T)
Zeichnungen: S. 5 (Antonia Selzer, St. Peter) 2, 11, 21, 26, 42, 73 (Gerald Konopik, Mammendorf)

Kartografie

© DuMont Reiseverlag, Ostfildern

Umschlagfotos

Titelbild: Blick über das Eckhaus an der Ilica auf die Gunduliceva-Straße
Umschlagklappe hinten: Der Dolac-Markt mit Kathedrale im Hintergrund

Hinweis: Autorin und Verlag haben alle Informationen mit größtmöglicher Sorgfalt geprüft. Gleichwohl sind Fehler nicht vollständig auszuschließen. Alle Angaben erfolgen ohne Gewähr. Bitte schreiben Sie uns! Über Ihre Rückmeldung zum Buch und Verbesserungsvorschläge freuen sich Autorin und Verlag:

DuMont Reiseverlag, Postfach 3151, 73751 Ostfildern,
info@dumontreise.de, www.dumontreise.de

1. Auflage 2023
© DuMont Reiseverlag, Ostfildern
Alle Rechte vorbehalten
Autorin: Patricia Fridrich
Redaktion/Lektorat: Melanie Wolfmeier
Grafisches Konzept: Eggers+Diaper, Potsdam
Printed in Poland

Kennen Sie die?

Marija Jurić Zagorka

1873 geboren, war sie die erste Journalistin, Frauenrechtlerin und eine der meistgelesenen Autorinnen Kroatiens. Ihre Wohnung am Dolac ist heute ein Museum.

Ivana Brlić-Mažuranić

Die 1938 in Zagreb verstorbene Märchenautorin gilt als die kroatische Selma Lagerlöf. Zweimal wurde sie – leider erfolglos – für den Nobelpreis vorgeschlagen.

(Stjepan) Hauser

Internationale Konzertsäle bringt der in Zagreb lebende Cellist mit Rock und Klassik zum Wackeln, zunächst als einer von 2Cellos und nun auch solo.

Miroslav Nemec

Seit über 30 Jahren ermittelt der in Zagreb geborene Schauspieler als Hauptkommissar Ivo Batić im Münchner Tatort. Sein Künstlername ›Nemec‹ kommt von ›Deutsch‹.

Janica Kostelić

Wie ihr Bruder Ivica ging die Zagreberin in die Skigeschichte ein: Dreimal gewann sie den Gesamtweltcup und wurde so Namensgeberin der »Snow Queen Trophy«.

Profesor Baltazar

Der von Zagreb Film kreierte bärtige Erfinder mit Hut und Maschine inspiriert seit den 1970ern Kinder auf der ganzen Welt. Zwölf Folgen mit ihm liefen auch in der Sendung mit der Maus.

Kolinda Grabar-Kitarović

Als erstes weibliches Staatsoberhaupt Kroatiens (2015–2020) zog sie in den Pantovčak, den Präsidentenpalast, ein.

Luka Modrić

Der Weltfußballer des Jahres 2018 und Kapitän der kroatischen Mannschaft begann seine Spielerkarriere einst bei Dinamo Zagreb.

Ivo Robić

Der kroatische Sinatra lebte viele Jahre in Zagreb und landete 1959 mit »Morgen« einen Welthit, der auch die US-Charts eroberte.